보험세무
핵심포인트

법인컨설팅을 위한 보험세무 핵심포인트

2023년 5월 3일 초판 발행
2024년 4월 1일 2판 발행

지 은 이 | 박진호
발 행 인 | 이희태
발 행 처 | 삼일인포마인
등록번호 | 1995. 6. 26. 제3-633호
주   소 | 서울특별시 용산구 한강대로 273 용산빌딩 4층
전   화 | 02)3489-3100
팩   스 | 02)3489-3141
가   격 | 20,000원

ISBN 979-11-6784-246-6 03320

법인컨설팅을 위한

2024년
개정판

보험세무
핵심포인트

박진호 지음

SAMIL | 삼일인포마인

개정판 서문

2024년 개정판을 발간하게 되었습니다.

세법은 매년 개정사항이 발표되는데, 단지 개정 내용만을 반영하는 데 그치지 않고 최근 세무컨설팅 이슈를 발굴하고, 최신 판례 내용을 토대로 세법 해석의 체계 및 변화 등을 감지하여 현재 트렌드에 부합할 수 있는 세무 컨설팅 책을 만들고자 금번 개정판을 출간하게 되었습니다.

(1) 법인고객 대상 보험 영업현장에서 빈번하게 요청하게 되는 임원퇴직금 지급규정, 임원유족보상금지급규정 및 임원보수지급규정 양식 샘플을 추가했습니다.

(2) 법인전환에 대한 구체적인 실전 컨설팅 보고서 샘플을 제공함으로써 실무적으로 법인전환 컨설팅이 어떻게 진행되고 있는지 궁금증을 해소해드릴 수 있을 것입니다.

(3) 법인 세무컨설팅 분야에서 중요한 주제에 해당하는 가업승계 지원제도 관련 가업승계 증여세 과세특례 및 가업상속공제 내용을 보완하였고 가업승계 연부연납 및 납부유예제도를 추가해서 가업승계 지원제도 전반의 내용을 학습할 수 있게 개정하였습니다.

앞으로 독자분들에게 본질적이고, 내용 충실한 개정작업을 통하여 새롭고 업그레이드된 세무 정보 제공을 약속드리며, 독자분들의 아낌없는 조언과 충고 부탁드립니다.

본 도서가 금융보험업 종사자분들에게 필독서로 자리 잡아 세무컨설팅 역량 향상에 도움을 주고, 법인고객에게 유용한 정보를 전달할 수 있는 긍정적인 영향력을 제공할 수 있기를 바랍니다.

박진호 세무사

초판 서문

:
:
:

어느덧 세무사 업무를 시작한지 20년이 넘었습니다. 세무법인에서 시작해서 기업은행 그리고 삼성화재까지 좋은 분들과 함께 근무할 수 있어 행운이었고, 행복한 시간이었습니다.

세무법인에서 근무하면서 주로 그룹회사 세무컨설팅 및 세무조사 대리업무 중심으로 실무 경험을 쌓을 수 있었으며, 한국세무사회 전산세무회계자격시험 출제위원으로 국가공인 전산회계 1급 시험 출제에 참여할 수 있었고, 서울지방세무사회 감리위원으로 활동하면서 다른 세무법인 등에서 작성한 법인세 신고서를 감리할 수 있었던 소중한 경험도 가지게 되었습니다. 또한 대학원 교수님 추천으로 강남대학교 세무학과 4학년 학생들을 대상으로 세무신고실무 전공과목을 강의했던 보람된 기억도 간직하고 있습니다.

삼성화재에서는 10년 정도 근무하면서 수많은 법인 고객들과 다양한 주제와 내용으로 세무 상담 및 컨설팅 업무를 수행하였고, 이런 경험과 노하우 등을 정리해서 FP, PB, FC, RC 및 영업관리자 등 금융보험업 종사자들에게 도움이 될 수 있는 법인세무 컨설팅 안내서를 만들고자 본 도서를 출간하게 되었습니다.

본 도서는 세무컨설팅 과정에서 고객님과 금융보험업 종사자분들께서 자주 문의해 주셨던 법인 관련 세무 처리방법과 CEO플랜 비용처리 및 계약자, 수익자 변경에 따른 보험증권 평가 방법 등과 관련된 세법규정, 국세청 유권해석 및 조세심판례, 대법원 판례 등을 소개하고 이에 대한 해석까지 상세하게 설명하고 있습니다.

또한 개인기업과 법인기업 비교, 법인전환 및 법인설립 초기에 주의해야할 사항부터 특허권, 자기주식, 차등배당, 이익소각 등 최신 법인 세무컨설팅 이슈사항과 비상장주식평가, 주식거래, 차명주식 환원 등 지분 변동 및 가업 승계지원제도 등 법인세무컨설팅 전반을 다루고 있습니다.

이 책이 출간되기까지 많은 분들이 도움을 주셨습니다. 저에게 애정 어린 응원과 조언해주신 모든 지인분들께 감사한 마음입니다.

마지막으로 신뢰와 존중하는 마음으로 항상 옆에서 응원해 주는 아내 은주, 아빠의 잔소리에도 싫은 내색을 하지 않고 잘 들어주는 중3 아들 준영이 그리고 작년 아버지를 하늘나라로 보내고 혼자서도 씩씩하게 생활하고 계시는 어머니께 감사하고 사랑하는 마음을 전하고자 합니다.

CONTENTS

I ▶ 법인전환과 법인설립 시 체크포인트

II ▶ 법인에 대한 과세방식 및 주요 손금항목

법인컨설팅을 위한
Insurance Tax Key Points

가지급금 해결을 위한 세무컨설팅 전략

임원퇴직금 지급규정과 현실적 퇴직

CONTENTS

CEO플랜 구조 및 세무처리

주식변동 및 가업승계지원제도

법인컨설팅을 위한
Insurance Tax Key Points

VII 업무용승용차 관련 특례 및 기타 사항

I

법인전환과 법인설립 시
체크포인트

법인컨설팅을 위한
보 험 세 무 핵 심 포 인 트

1

개인기업과 법인기업 차이 비교

 개요

개인기업은 사업주 본인이 대표자면서 사업의 주체에 해당되지만, 법인기업은 법인이라는 별도의 경제 주체를 통해 운영된다는 점에서 개인기업과 차이가 발생합니다.

법인은 그 자체가 하나의 독립된 법인격을 가진 법률주체에 해당되기 때문에 주주나 대표이사와 동일체가 아닙니다. 따라서 법인의 재산은 주주나 대표이사의 재산과는 구분해서 관리되어야 하며, 주주나 대표이사가 법인으로부터 정당하게 이익을 가져가기 위해서는 배당 또는 급여 형태로 인출해야 합니다. 반면, 개인사업자는 사업을 통해 얻은 이익에 대하여 종합소득세만 정당하게 낸다면 그 잔여금을 아무런 법적 제약없이 자신이 가져갈 수 있는 장점이 있습니다.

개인사업자는 본인의 사업에 대해 무한책임을 져야 하지만, 법인은 개인기업과는 달리 소유와 경영에 대한 분리가 가능하고 주식회사나 유한회사 같은 법인체로 사업을 영위하는 경우 주주는 투자한 자본액만큼만 책임을 지기 때문에 주주의 유한책임이라는 면에서는 법인사업이 유리할 수 있습니다.

개인기업과 법인기업은 여러 측면에서 차이가 발생하는데, 구체적인 차이점은
아래와 같습니다.

○ **개인기업과 법인기업 비교**

구분	개인기업	법인기업
설립절차	설립절차 간단 사업자등록	설립절차 복잡 설립등기 후 사업자등록
세율구조	6~45%	9~24%
책임범위	대표 무한책임	출자지분 한도로 유한책임 (단, 과점주주 제2차 납세의무)
소득배분	소득에 대한 별도 배분절차 불필요 (기업 소득=기업주 소득)	소득을 별도 배분절차(급여, 배당, 퇴직 등)를 통해 기업주에게 귀속 가능
자금 분리	개인기업 및 대표자 자금 별도 구분없이 사용 가능	법인자금 대표이사가 유용할 경우 세무상 제재
대표자 급여 및 퇴직금	대표자 급여 및 퇴직금 세무상 비용처리 불가능	대표이사 급여 및 퇴직금 세무상 비용처리 가능
세부담 측면	소득 규모 커지는 경우 세부담 급격히 증가	세무관리 부실할 경우 추징세액 과다해짐.
청산절차	절차 단순 (폐업신고 및 부가세 신고)	절차 복잡(폐업신고 및 부가세 신고, 별도 법인청산절차 필요)

* 제2차 납세의무란 회사가 미납한 세금을 과점주주가 대신 납부하는 제도입니다.

2 개인기업과 법인기업 선택

통상 기업체에서 예상되는 매출 규모를 기준으로, 개인기업 또는 법인기업
여부를 선택하는 경우가 대부분입니다. 그래서 소규모로 사업을 시작하는 경우
우선적으로 설립이 간편하고 운영에 따른 절차적 번거로움이 상대적으로 적은
개인기업을 선호하게 되며, 성실신고 기준금액 이상으로 매출 규모가 확대되거나
개인사업주의 세금 부담이 가중될 때 법인전환을 고려하는 경우가 많습니다.

또한 개인기업으로 운영하면서 매출확대 및 지속성장 가능성 등으로 인하여 가업승계를 고민하게 된다면 법인으로 전환을 고려하게 되는데, 증여세 과세특례 규정 자체가 법인에 한하여 적용되고 가업상속공제 규정에 있어서도 법인기업이 개인기업보다 적용상 유리하기 때문입니다.

3️⃣ 법인기업 장점

개인기업은 통상 사업주 1인에게 소득이 집중되는 반면, 법인기업은 대표이사 본인, 임원인 배우자, 주주인 자녀 등으로 소득 귀속자에 대한 분산을 통해 소득세를 절감시킬 수 있으며, 근로소득, 배당소득, 퇴직소득 등 세목에 대한 분산도 가능합니다.

또한 동일한 매출 규모의 개인기업보다 법인은 세무조사 받을 확률이 상대적으로 낮으며, 법인설립 당시 대표자의 자녀를 주주로 등재한 이후 매년 지속적으로 배당을 통해 자녀에게 자금을 마련해줄 수 있는 사업형태에 해당되기 때문에 세대 간 부의 이전 전략을 적극적으로 수행할 수 있다는 장점이 있습니다.

4️⃣ 법인기업 운영상 단점

개인기업과 달리 법인 대표자들은 법인자금과 개인자금을 명확하게 분리 처리해야 하고, 법인통장을 기초로 법인장부작성이 이루어지는 만큼 통장 입출금 거래내역에 대한 증빙을 확보해야 하며, 그렇지 못할 경우 부득이하게 법인 가지급금이 발생할 수밖에 없는 단점이 있습니다. 이러한 단점을 보완하기 위하여 개인기업과 법인기업을 각각 함께 운영하는 방식을 선택하는 기업주들도 있으니 참고하기 바랍니다.

결국, 개인기업과 법인기업의 장단점을 제대로 파악하고 여러 가지 제반 사항을 종합적으로 고려해서 기업의 형태를 결정하는 것이 바람직합니다.

법인기업 활용에 대한 핵심포인트

법인은 개인기업과는 달리 주주가 있으며, 자녀에게 증여공제금액 범위 내에서 지분증여를 통하여 자녀를 주주로 등재한 이후 지속적인 배당금 지급으로 자녀의 소득원 및 자금 마련이 가능하게 됩니다. 이를 통해 세대 간 부의 이전이 가능한 사업형태에 해당됩니다.

○ 종합소득세율

과세표준	세율	누진공제액
1,400만 원 이하	6%	–
1,400만 원 초과 5,000만 원 이하	15%	1,080,000원
5,000만 원 초과 8,800만 원 이하	24%	5,220,000원
8,800만 원 초과 1억 5천만 원 이하	35%	14,900,000원
1억 5천만 원 초과 3억 원 이하	38%	19,400,000원
3억 원 초과 5억 원 이하	40%	25,400,000원
5억 원 초과 10억 원 이하	42%	35,400,000원
10억 원 초과	45%	65,400,000원

○ 법인세율

과세표준	세율	누진공제
2억 원 이하	9%	–
2억 원 초과 200억 원 이하	19%	2천만 원
200억 원 초과 3,000억 원 이하	21%	4억 2천만 원
3,000억 원 초과	24%	94억 2천만 원

2

개인사업자 성실신고확인제도

 개요

성실신고확인제도란 개인사업자 중 매출금액이 업종별로 일정 규모 이상인 경우 종합소득세를 신고할 때 장부기장 내용의 적정성 여부를 세무사 등으로부터 확인을 받도록 한 제도입니다. 종합소득세 신고는 5월 31일까지 신고를 마쳐야 하지만, 성실신고확인대상 사업자는 6월 30일까지 신고해야 합니다.

개인사업자 중에는 종합소득세 신고 과정에서 가공경비 및 가사관련 경비를 필요경비에 반영 신고하거나, 수입금액을 누락하는 등의 방법으로 세금을 탈루하는 사례가 많아 과세관청에서 매출액 기준으로 일정 규모 이상인 개인사업자에 대해 별도 구분 관리함으로써 성실신고를 유도하고, 세원관리를 강화할 수 있도록 성실신고확인제도를 도입하게 되었습니다.

실무적으로 성실신고확인제도에 해당되는 개인사업자들은 높은 세금부담 및 강화된 세원관리에 따라 개인기업에서 법인전환을 고민하는 경우가 많으며, 담당 세무사 입장에서도 법인전환을 추천하는 경우가 자주 발생하게 됩니다.

2 성실신고확인대상 판정 기준

성실신고확인대상 판단 기준은 수입금액입니다. 과세기간의 수입금액이 업종별로 정한 규모 이상이 되어야 대상이 되는데, 만약 둘 이상의 업종을 겸영하거나 사업장이 둘 이상인 경우 주된 업종 기준으로 환산하여 계산한 수입금액에 의해 판단하게 됩니다.

주업종의 수입금액 + 주업종 외 업종의 수입금액 ×
(주업종의 기준수입금액 / 주업종 외 업종의 기준수입금액)

○ **성실신고확인대상 수입금액 기준**

구분	매출액(수입금액)
농·임·어업, 광업, 도소매업, 부동산매매업, 기타	연 15억 원
제조업, 음식·숙박업, 전기가스수도업, 하수폐기물처리업, 건설업(비주거용 제외), 운수업, 출판영상방송통신업, 정보서비스업, 금융보험업, 상품중개업	연 7.5억 원
부동산임대업, 과학·기술서비스업, 사업지원서비스업, 교육서비스업, 보건업, 사회복지서비스업, 예술스포츠여가서비스업, 수리·기타 개인서비스업	연 5억 원

3 성실신고확인제도 대상에 대한 지원제도

성실신고확인대상 사업자로서 성실신고확인서를 제출한 자가 성실신고확인비용을 지출하거나 의료비, 교육비, 월세 등을 지급한 경우 아래와 같이 해당 과세연도의 소득세에서 공제해주고 있습니다.

○ 성실신고확인제도 대상자 세액공제액

구분	내용
성실신고확인비용공제	성실신고확인에 직접 사용한 비용의 60%를 소득세 및 법인세에서 공제합니다. 단, 신고확인대상 개인사업자 120만 원 한도로 적용합니다.
의료비·교육비공제	성실신고확인대상 사업자로서 성실신고확인서를 제출한 자가 특별세액공제대상 의료비·교육비를 지출한 경우 지출 금액의 15%를 공제받을 수 있습니다.
월세세액공제	성실신고확인대상 사업자로서 성실신고확인서를 제출한 자가 해당 과세연도 월세액을 지출한 경우 당해 지출금액의 15%를 공제받을 수 있습니다. 단, 해당 월세액이 750만 원을 초과하는 경우 그 초과하는 금액은 없는 것으로 합니다.

4 성실신고확인의무 위반 시 불이익

① 사업자에 대한 가산세 부과

성실신고대상 과세기간의 다음 연도 6월 30일까지 성실신고확인서를 제출하지 않은 경우, 둘 중 큰 금액을 가산세로 납부하여야 합니다.

구분	성실신고확인서 미제출 가산세
MAX(①, ②)	① 산출세액×(미제출 사업장 소득금액/종합소득금액)×5%
	② 해당 과세기간 사업소득 총수입금액의 2/10,000 곱한 금액

② 사업자에 대한 세무조사

성실신고확인서 제출 등의 납세협력의무를 이행하지 아니한 경우, 수시 세무조사 대상으로 선정될 수 있습니다.

③ 성실신고확인자에 대한 제재

세무조사 등을 통해 세무대리인이 성실신고확인을 제대로 이행하지 아니한 사실이 밝혀지는 경우, 세무대리인에게도 과태료와 직무정지 등의 제재를 하고 있으므로 사업자와 세무대리인 모두 주의해야 합니다.

 개인사업자에 대한 구분

① 간편장부대상자 및 복식부기의무자

간편장부대상자는 당해 과세연도에 신규로 사업을 개시하거나 직전 과세연도 수입금액이 일정 금액에 미달하는 개인사업자, 소규모 사업자들에게 복식부기 장부가 아닌 간편장부로 종합소득세 신고가 가능하도록 혜택을 주는 제도를 말하는데, 간편장부대상자 및 복식부기대상자의 구분은 아래와 같습니다.

○ **복식부기대상자와 간편장부대상자 구분**

구분	복식부기대상자	간편장부대상자
농·임·어업, 광업, 도소매업, 부동산매매업, 기타	3억 원 이상	3억 원 미만
제조업, 음식·숙박업, 전기가스수도업, 하수폐기물처리업, 건설업(비주거용 제외), 운수업, 출판영상방송통신업, 정보서비스업, 금융보험업, 상품중개업	1억 5천만 원 이상	1억 5천만 원 미만
부동산임대업, 과학·기술서비스업, 사업지원서비스업, 교육서비스업, 보건업, 사회복지서비스업, 예술스포츠여가서비스업, 수리·기타 개인서비스업	7,500만 원 이상	7,500만 원 미만

② 기준경비율 적용대상자 및 단순경비율 적용대상자

국세청에서 장부를 작성하지 않거나 장부가 없는 사업자에게 세금을 걷기 위하여 별도의 방법을 마련해 두고 있는 것으로 만약 장부를 작성하지 않은 사업자라면 얼마의 비용을 지출하였는지, 이익이 어느 정도인지 정확하게 파악하기 어렵기 때문에 대략적으로 추산할 수밖에 없게 되는데 이를 '추계신고'라고 합니다.

추계신고의 경우에는 국세청에서 정해주는 일정비율에 맞춰서 세액을 산출 및 계산하게 됩니다. 경비율은 업종별 및 사업 규모에 따라서 기준경비율과 단순 경비율로 구분됩니다.

기준경비율은 매출에서 매입비용과 사업장의 임차료, 인건비 등 주요 지출 경비를 제외하고 남은 금액에서 일부분만 비용으로 인정해주는 경비율을 말합니다. 반면, 단순경비율 전체 매출 중 일부 비율만 비용으로 인정하는 방법으로, 경비율을 적용해 계산된 비용을 뺀 나머지는 모두 소득으로 봅니다.

주로 장부를 작성하지 않은 사업자 중에서 사업의 규모가 큰 사업자는 기준경비율을 적용하며, 규모가 작거나 신규사업자라면 단순경비율을 적용하는 것이 일반적입니다.

○ **기준경비율 및 단순경비율 적용기준**

구분	기준경비율	단순경비율
농·임·어업, 광업, 도소매업, 부동산매매업, 기타	6천만 원 이상	6천만 원 미만
제조업, 음식·숙박업, 전기가스수도업, 하수폐기물처리업, 건설업(비주거용 제외), 운수업, 출판영상방송통신업, 정보서비스업, 금융보험업, 상품중개업	3,600만 원 이상	3,600만 원 미만
부동산임대업, 과학·기술서비스업, 사업지원서비스업, 교육서비스업, 보건업, 사회복지서비스업, 예술스포츠여가서비스업, 수리·기타 개인서비스업	2,400만 원 이상	2,400만 원 미만

3

소규모 법인에 대한 성실신고확인제도

 개요

2018. 1. 1. 이후 개시하는 사업연도부터 성실신고확인대상인 소규모 법인 또는 법인전환사업자는 성실한 납세를 위하여 법인세 신고 시 비치, 기록된 장부와 증명서류에 의하여 계산한 과세표준 금액의 적정성을 세무대리인이 확인하고 작성한 성실신고확인서를 함께 제출해야 합니다.

성실신고확인대상

① 아래의 소규모 법인 요건을 모두 갖춘 내국법인

구분	내용
근로자 요건	해당 사업연도의 상시근로자 수가 5인 미만
지분 요건	지배주주 및 특수관계자 지분합계가 전체의 50% 초과
업종 및 소득 요건	부동산임대업을 주업으로 하거나, 부동산 등의 권리대여 · 이자 · 배당소득 금액 합계액이 매출액의 50% 이상

② 법인전환 후 3년 이내 법인

성실신고확인사업자가 사업용 고정자산의 현물출자 및 사업의 양도·양수 등의 방법에 따라 내국법인으로 전환 후 사업연도 종료일 현재 3년 이내에 해당하는 법인을 말합니다.

③ 적용 제외 대상 기업

주식회사 등의 외부감사에 의한 법률 제4조에 따라 감사인에 의한 감사를 받은 내국법인은 성실신고확인서를 제출하지 아니할 수 있습니다.

3 성실신고 확인절차

① 성실신고확인서 제출

성실신고확인대상 내국법인은 법인세의 과세표준과 세액을 신고하는 경우 성실신고확인서를 제출해야 합니다.

② 법인세 신고·납부기한 연장

성실신고확인대상 내국법인이 성실신고확인서를 제출하는 경우 법인세의 과세표준과 세액을 각 사업연도의 종료일이 속하는 달의 말일부터 4개월 이내에 납세자 관할 세무서장에게 신고·납부해야 합니다.

③ 성실신고확인비용 세액공제

성실신고확인대상인 내국법인이 성실신고확인서를 제출하는 경우에는 성실신고확인에 직접 사용한 비용의 100분의 60(150만 원 한도)에 해당하는 금액을 해당 과세연도의 법인세에서 공제합니다.

④ 성실신고확인서 미제출 가산세

성실신고확인대상인 내국법인이 각 사업연도의 종료일이 속하는 달의 말일부터 4개월 이내에 성실신고확인서를 납세지 관할 세무서장에게 제출하지 아니한 경우에는 법인세 산출세액의 5% 상당금액과 수입금액의 2/10,000 중 큰 금액을 납부할 세액에 가산하여 납부해야 합니다.

법인전환 컨설팅

개인기업 중 성실신고대상에 해당되어 종합소득세 부담이 급격히 증가할 경우 주위에서 법인전환을 권유받게 되는데, 막상 법인전환을 하는데 있어 여러 가지 제약요인이 있을 뿐 아니라 그에 따른 장단점도 발생하게 되므로 세무전문가의 의견을 듣고 충분한 사전 검토 이후 법인전환 여부를 결정하는 것이 타당할 것입니다.

1 법인전환 제약 요인

개인에서 법인으로 전환한다면 세무조사 받을 확률을 낮추거나 신뢰도 향상 측면에서는 도움이 되지만, 아래와 같은 여러 제약 요인으로 인해 법인전환을 주저하게 됩니다.

구분	내용
법인전환 소요비용	법인전환 과정에서 양도소득세, 취득등록세, 법무사수수료, 감정평가보수, 회계감사보수, 공증수수료 등의 각종 세금 및 수수료가 발생하게 됩니다.
전환 절차의 복잡성	상법 및 세법, 중소기업기본법 등 각종 법률과 규정에서 요구하는 제반 절차 및 요건 등을 준수해서 이행해야 하기 때문에 복잡합니다.
법인자금과 개인자금의 분리	개인사업자는 소득에 대한 적정 세금만 납부하면 별도의 소득 분배 절차 없이 개인의 자금을 활용할 수 있으나, 법인은 급여, 배당 등의 적정한 절차를 통해서만 법인 자금을 개인에게 지급할 수 있으며, 만약 법적 절차 없이 임의로 법인 자금을 유출할 경우 업무무관 가지급금 또는 대표자 상여로 보아 여러 불이익을 받게 됩니다.

위에서 언급된 제약요인뿐 아니라 혹시라도 개인기업 운영과정에서 과도한 대출로 인해 이자비용을 많이 부담하고 있는 개인사업자의 경우 법인전환에 따른 신규 법인설립 및 그에 따른 신용등급 변경으로 인한 지급이자가 증가될 수 있기 때문에 사전에 금융기관과 충분한 협의가 필요할 것입니다.

2 법인전환 방법

법인전환은 업종별 특성, 매출 성장성 및 회사내부시스템 등을 종합적으로 고려해서 판단해야 할 사항으로 사전에 세무전문가 등과 충분한 협의를 통해 심사숙고해서 결정해야 할 것이며, 의사결정이 이루어진 이후에는 법인전환 방법에 따라 장단점이 명확하기 때문에 회사 사정에 부합하는 방법을 통해 법인 전환해야 할 것입니다.

구분	포괄양수도 여부	전환 방법
신설법인 설립	일반 양수도	① 신설법인 설립(최소 자본금도 가능함) ② 부동산을 제외한 일부 자산만 양수도 ③ 개인기업 및 법인 병존하여 운영하기도 함.
세감면 사업양수도 방식	포괄 양수도	① 신설법인 설립 시 개인기업의 순자산가액 이상의 자본금을 납입하고, ② 설립일부터 3개월 이내에 부동산을 포함한 개인기업의 모든 자산, 부채를 포괄양수도 하는 방법
현물출자 방식	포괄 양수도	부동산을 포함한 개인기업(사업장)의 모든 자산 및 부채를 신설 법인에 현물출자 하는 방법

일반 양수도 방식은 통상 개인 대표자가 사업용 부동산을 자기 명의로 소유하고 있는 경우 부동산 소유는 그대로 개인으로 유지하면서 그 이외 사업용 자산 및 부채를 신규법인에게 양도하거나 사업장을 임차 사용하고 있는 개인기업에서 많이 활용하는 법인전환 방식입니다. 이러한 방식은 사업양수도 과정에서 사업용 부동산은 제외되기 때문에 영업권 평가 및 매각을 통한 절세전략이 가능한 방식에 해당됩니다.

세감면 사업양수도 방식은 개인기업의 순자산가액 이상의 자본금을 납입해야 하기 때문에 현금성 자산이 충분한 경우 선택할 수 있는 법인전환 방법에 해당됩니다. 개인기업 업종 특성상 입찰에 참여하는 경우 개인기업 매출실적 및 경영성과가 법인전환 과정에서 단절된다면 법인설립 초기 입찰에서 불이익을 당할 수 있기 때문에 포괄양수도 방식에 해당되어 개인기업 매출실적 및 경영성과가 승계되는 세감면 사업양수도 방식을 선택하게 됩니다.

현물출자 방식은 감정평가사의 감정평가보고서, 공인회계사의 회계감사보고서 작성이 필요합니다. 이렇게 두 가지 보고서가 작성되면 법원에 법인설립 신청을 하고, 법원은 출자되는 부동산 등의 가액평가 등이 적정한지 검사인을 선임해서 조사하고 문제가 없으면 법인이 설립됩니다. 이와 같이 법인설립 절차가 가장 복잡하고 시간이 오래 걸리며 비용 또한 많이 지출되므로 실무적으로 거의 활용하지 않는 방법에 해당됩니다.

법인전환 유형별 장단점 및 고려사항

구분	장점	단점
일반 양수도 방식	① 법인전환 절차가 간단함. ② 평가수수료 등 절차 비용 적음. ③ 부동산 이전이 필요치 않은 경우 간편하게 적용	사업 연속성 단절되어 금융기관 평가상 불리
세감면 사업양수도 방식	① 이월과세 및 세감면 가능 ② 금융기관 평가등급 유리 ③ 기업승계 측면에서 상속세 절세 가능	① 평가수수료 등 절차적인 비용 많이 소요 ② 법인설립에 대한 자본금 출자금액이 상당히 크므로 일시적인 자금부담 발생 ③ 법인전환 절차 복잡
현물출자 방식	① 이월과세 및 세감면 가능 ② 금융기관 평가등급 유리 ③ 기업승계 측면에서 상속세 절세 가능 ④ 자금측면에서 부담이 적음.	① 평가수수료 등 절차적인 비용 많이 소요 ② 법인전환 절차 가장 복잡

○ 법인전환 유형 선택 시 고려사항

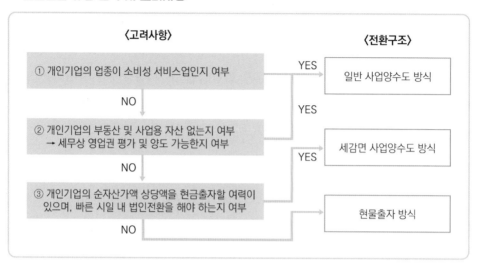

법인전환은 업종별 특성, 매출 성장성, 개인기업 대출규모, 회사내부시스템 등을 고려해서 신중히 결정해야 할 사안으로 사전에 금융기관 및 주요 거래처 등과 협의가 필요할 것이며, 법인전환 과정에서는 영업권 매각을 통하여 권리금 명목의 대가를 수령하는 방식으로 진행하는 것이 절세효과를 누릴 수 있는 방법입니다.

4 법인전환에 대한 세제지원

세감면 포괄양수도 또는 현물출자방식으로 법인전환하면서 순자산가액 이상으로 출자하여 법인을 설립하고, 그 설립일로부터 3개월 이내에 포괄양도하는 경우에는 다음과 같이 세금 혜택이 주어집니다.

○ **법인전환에 대한 주요 세제지원 내용**

구분	내용
양도소득세 이월과세	사업용 고정자산을 현물출자 하거나 사업양수도 방법에 의해 법인으로 전환(소비성 서비스업 제외)하는 경우 사업용 고정자산의 출자 또는 사업양도 하는 자산에 대하여 개인에게 양도소득세를 과세하지 않고 당해 법인이 자산을 양도할 때 법인세(법인전환 시점의 양도소득세+법인전환 후 양도차익에 대한 법인세)로 납부하는 방식
부가가치세 과세 제외	법인전환 과정에서 사업장별로 그 사업에 관한 모든 권리와 의무를 포괄적으로 승계시키는 사업의 양도에 대해서는 부가가치세법상 재화의 공급으로 보지 않음.
취득세 감면	조세특례제한법 제32조에 따른 현물출자 또는 사업 양도·양수에 따라 취득하는 사업용 고정자산(부동산임대 및 공급업 제외)에 대해서는 취득세의 75%를 경감하며, 감면세액의 20% 농어촌특별세 납부

....
* 법인설립 등기의 등록세는 면제되지 않습니다.

○ **법인전환 유형별 세제지원 요약**

구분	현물출자	세감면 양수도	일반 양수도
개인 양도소득세	이월과세	이월과세	과세
취득세	감면	감면	납부
부가가치세	과세 제외	과세 제외	과세
이월공제세액	적용	적용	미적용
개인기업 감면승계	승계	승계	미승계

 법인전환 시 주의사항

① **법인전환 과정에서 영업권 평가 및 매각 거래를 통한 절세전략 실행**

개인기업의 법인전환 과정에서 영업권을 평가 및 매각하는 경우 필요경비 의제 규정이 적용되는 기타소득으로 구분 과세됩니다. 기타소득금액을 산정하는데 있어 영업권 매각금액의 60%는 필요경비 처리되고 나머지 40% 상당액만 기타소득으로 계상됨에 따라 영업권 거래가액 대비 실효세율은 약 20% 이내로 소득세를 절감시킬 수 있는 장점이 있습니다. 다만, 사업용 부동산과 함께 양도하는 영업권은 기타소득이 아닌 양도소득으로 과세되는데 필요경비 의제 규정을 적용받을 수 없기 때문에 기타소득으로 구분되는 경우보다 훨씬 과중한 소득세를 부담해야 하므로 주의가 필요합니다.

② 대출금 있는 개인기업 금융기관과 사전 협의 필요

개인기업 운영상 금융기관 대출금이 있는 경우 사전에 금융기관과 협의를 통해 신용등급, 이자율 변동 여부를 확인할 필요가 있으며, 차입금 규모가 큰 개인기업은 이자부담을 최소화할 수 있는 포괄양수도 방식의 법인전환을 선택하기도 합니다.

③ 업종별 특성을 고려한 법인전환 사전 검토 필요

개인기업 업종 특성상 입찰, 수주 활동을 통한 매출발생으로 개인기업 실적이 법인전환 이후 신설법인에게 승계되어야 하는 기업들은 불가피하게 포괄양수도 방식을 선택해야 하기 때문에 사전에 충분한 검토가 필요합니다.

5

영업권을 활용한 법인전환

개요

최근 법인자산의 개인화 전략 측면에서 무형자산 컨설팅이 활발하게 진행되고 있는데 법인 대표자가 창출한 영업권, 특허권 등에 대하여 가치 평가 진행 후 당해 무형자산을 법인에게 처분하고 이에 대한 대가를 수령하는 형태로 진행 됩니다.

이러한 무형자산은 건물, 기계장치 등과 같이 형태가 있는 유형자산에 대비되는 개념으로 물리적 실체는 없으나 식별 가능하고 기업이 보유하면서 미래 경제적 효익을 기대할 수 있는 비화폐성자산을 말하는 것으로, 영업권, 특허권, 상표권 등이 대표적으로 해당됩니다.

세무회계상 영업권

사업에 관한 허가·인가 등 법률적 지위, 사업상 편리한 지리적 여건, 영업상의 비법, 신용, 명성, 거래처 등 영업상의 이점 등으로 인해 동종의 타기업에 비하여 너 많은 초과이익을 낼 수 있는 무형자산을 영업권이라 하고, 통상 권리금이라고도 합니다. 기업회계 및 세무상으로는 자가 창설 영업권은 인정하지 않고 유상으로 구입한 경우만 인정하고 있습니다.

○ **법인세법 시행규칙 제12조 영업권에 포함되는 금액**

(1) 사업의 양도·양수 과정에서 양도·양수 자산과는 별도로 양도사업에 관한 허가·인가 등 법률상의 지위, 사업상 편리한 지리적 여건, 영업상의 비법, 신용·명성·거래처 등 영업상의 이점 등을 고려하여 적절한 평가 방법에 따라 유상으로 취득한 금액

(2) 설립인가, 특정사업의 면허, 사업의 개시 등과 관련하여 부담한 기금·입회금 등으로 서 반환청구를 할 수 없는 금액과 기부금 등

3 영업권 양도에 대한 소득 구분

법인전환 과정에서 개인기업의 영업권을 평가해서 법인으로 양도하고, 개인 대표자는 영업권 양도대가를 수령해서 기타소득으로 소득세를 절감시키는 전략 으로 많이 활용하고 있습니다.

○ **영업권 양도에 대한 소득 구분**

구분	소득 구분	내용
사업용 자산과 함께 양도하는 영업권인 경우	양도소득	① 실제 영업권 취득에 소요된 비용만 양도가액에서 차감되어 양도소득 계산 (예 100만 원 전액 양도소득, 기본공제 생략) ② 사업의 포괄양수도 해당되어 부가가치세 과세대상 해당 되지 아니함에 따라 T/I 발급하지 아니함.
사업용 자산 제외한 영업권만 양도하는 경우	기타소득	① 영업권 가액의 60% 필요경비 의제 규정 적용 (예 100만 원 중 40만 원 기타소득) ② 대금청산일, 자산인도일 및 사용·수익일 중 빠른 날 ③ 재화의 공급에 해당되어 부가가치세 과세대상 자산과 함 께 영업권 대가에 대하여 T/I 발급

* 법인전환 과정에서 사업용 자산과 함께 영업권을 양도하는 경우, 기타소득이 아닌 양도소득으로 구 분되어 필요경비 의제 규정을 받지 못하게 됨에 따라 거액의 양도소득세를 부담하는 경우가 발생하 지 않도록 주의해야 합니다.

기타소득으로 구분되는 영업권에 대한 개인 및 법인 처리

구분	소득 및 자산	과세 내용
개인	기타소득	① 영업권 가액의 60% 필요경비 의제 규정 적용 ② 원천징수 후 금액을 수령하고, 추후 타소득과 합산하여 종합소득세 신고·납부 ③ 영업권 가액의 10% 부가세 수령 및 세금계산서 발급, 부가가치세 신고·납부
법인	무형자산	① 매년 감가상각(5년 내용연수 적용)에 따른 비용처리 가능 ② 기타소득에 대한 22% 원천징수 및 신고·납부 ③ 영업권 가액의 10% 부가세 지급 및 매입세액공제를 통한 부가세 환급

개인 입장에서는 영업권 매각대금 중 60%는 필요경비로 처리되고 나머지 40% 상당액만 기타소득금액으로 과세되는데, 만약 과세표준 3억 원에서 5억 원 사이 구간에 해당되는 납세자라고 가정한다면 지방소득세 포함 44% 세율 적용으로 인해 총 매각대금 중 실효세율 17.6%에 상당하는 낮은 세금을 부담하게 되는 결과가 발생됩니다.

당해 영업권을 무형자산으로 계상한 법인에서는 내용연수인 5년 동안 정액법 감가상각을 통해 비용처리할 수 있는데, 예를 들어 영업권 가액이 5억 원일 경우 5년 동안 매년 무형자산 감가상각비 1억 원을 비용처리할 수 있습니다.

○ 무형자산 내용연수표(법인세법 시행규칙 별표 3)

구분	내용연수	무형자산
1	5년	영업권, 디자인권, 실용신안권
2	7년	특허권
3	10년	어업권, 「해저광물자원개발법」에 따른 채취권(생산량비례법 선택 적용), 유료도로관리권, 수리권, 전기가스공급시설이용권, 공업용수도시설이용권, 수도시설이용권, 열공급시설이용
4	20년	광업권(생산량비례법 선택 적용), 전신전화전용시설이용권. 전용측선이용권, 하수종말처리장시설관리권, 수도시설관리권
5	50년	댐사용권

5️⃣ 영업권에 대한 수입시기

영업권 양도로 인한 기타소득의 수입시기는 양도대금이 확정된 경우, 그 대금을 청산한 날, 자산을 인도한 날 또는 사용·수익일 중 빠른 날인 것이며, 원천징수 시기는 기타소득을 지급할 때에 이행해야 합니다.

만약, 영업권을 양도하고 법인으로부터 대금을 5년간 분할하여 지급받는 경우에도 기타소득으로 인한 종합소득세는 당해 영업권 양도일이 속하는 과세연도에 대한 종합소득세 신고 시 납부해야 합니다.

6. 영업권 평가 관련 실무 적용

개인기업의 영업권은 세무상 시가에 해당하는 감정평가법인에서 산정한 감정평가가액을 적용하게 되는데, 실무적으로는 우선 최근 5년간 재무제표를 기초로 탁상 감정을 통해 영업권 평가액을 대략 산정한 이후 이를 토대로 영업권 평가여부를 결정하게 되고 정식으로 감정평가를 요청해서 감정평가법인으로부터 최종 감정평가가액을 수령하는 방식으로 진행하게 됩니다. 만약 탁상 감정을 통한 영업권 평가금액이 예상했던 금액보다 훨씬 못 미치는 금액으로 산정된다면, 정식 감정평가 요청을 포기하는 경우가 발생되기도 합니다. 이러한 과정은 특허권 평가에 있어서도 동일하게 적용됩니다.

탁상 감정 진행		영업권 탁감가액 확인		감정평가 정식요청
최근 5년 재무제표 제출	→	영업권 평가 진행 여부 의사결정	→	정식 감정평가 통한 평가가액 확인

* 감정평가에 관한 규칙 제23조 제3항에 따르면 감정평가업자는 영업권, 특허권, 실용신안권 등 무형자산을 감정평가할 때 수익환원법을 적용해야 한다고 규정되어 있으며, 또한 감정평가 실무기준 650-3.3.1 제1항에서도 영업권 평가에는 수익환원법을 원칙으로 한다고 규정하고 있습니다.

영업권 활용에 대한 핵심포인트
KEY POINTS

법인전환 과정에서 개인기업의 영업권을 법인에게 매각할 경우 개인 대표자에게는 당해 매각금액의 40% 상당액만 기타소득으로 처리되는 장점이 발생되고, 법인에서도 당해 영업권을 무형자산으로 계상 후 5년간 감가상각을 통해 비용처리를 받을 수 있기 때문에 거래 당사자 전체적으로도 세금 측면에서 절세효과가 발생하는 특징으로 인해 현장에서 영업권 컨설팅을 많이 수행하고 있습니다.

법인설립 시 고려사항

1️⃣ 개요

법인을 설립하는 과정에서 자본금은 얼마로 할지, 주주는 몇 명으로 구성할지 그리고 당해 법인의 임원에는 누구를 올릴지에 대한 의사결정은 매우 중요합니다. 따라서 아래 내용을 참고하여 사전에 충분히 검토한 이후 합리적으로 결정해야 합니다.

○ **법인설립 시 고려사항**

구분	내용
자본금	대부분 자본금 5천만 원 또는 1억 원 중 선택
주주 구성	대표자 본인, 배우자, 자녀로 분산 구성한다면 절세효과가 발생하게 되며, 특히 가업승계 목적으로 법인설립하는 경우라면 자녀의 지분비율을 더욱 많이 배정하는 사례도 있음.
임원 구성	통상 이사 1인 및 감사 1인으로 구성함.

(1) 자본금

과거 법인설립 시 최소 자본금 5천만 원이었으나, 현재 규정상으로는 자본금 100만 원도 가능하며 건설업과 같이 일부 업종은 최소 자본금 요건을 충족해야 사업자등록이 가능하기 때문에 사업목적에 필요한 자본금을 사전에 확인해야 합니다. 만약 법인설립 당시 아주 적은 금액으로 자본금을 설정한 이후 증자를 통해 자본금을 증액하는 사례도 있으니, 애초부터 적정 자본금으로 법인설립하는 것이 합리적일 것입니다.

(2) 주주 구성

미성년자녀도 주주 등재가 가능합니다. 예를 들어 회사 자본금이 1억 원인 경우 10% 지분을 소유하기 위해서는 자본금 1천만 원이 필요한데 통상 부모가 미성년자녀에게 1천만 원을 증여하게 됩니다. 이럴 경우 증여금액은 증여공제 한도 2천만 원 이하이므로 증여세가 발생되지 아니하여 결국 미성년자녀를 증여세 부담없이 주주로 참여시킬 수 있게 됩니다.

① 주주 1인과 그의 특수관계자 지분의 합계액이 50%를 초과하는 경우 이를 과점주주라고 하는데, 당해 과점주주에 해당되면 제2차 납세의무가 발생하게 되고, 아래와 같이 간주취득세가 부과되는 불이익이 발생하게 됩니다.

※ 과점주주에 대한 간주취득세

비상장법인의 주식을 취득함으로써 과점주주가 되면 해당 법인의 자산을 취득한 것과 마찬가지 효과가 발생되므로, 법인 자산 중 취득세 과세대상 자산에 대하여 과점주주의 지분율만큼 취득세를 납부해야 합니다.

① 법인설립 시 과점주주
  법인을 설립하면서 과점주주가 된 경우는 취득세가 과세되지 않습니다. 단, 법인설립 시 과점주주에서 주식을 추가로 취득하여 지분이 증가한 경우, 증가분에 대해서는 취득세 납세의무가 발생됩니다.

② 과점주주 지분율 증가
  이미 과점주주인 자가 주식을 추가로 취득하면서 지분율이 증가한 경우, 증가한 지분에 대해서는 취득세 납세의무가 발생됩니다.

③ 일반주주에서 과점주주에 해당되는 경우
  주주가 아니거나 일반주주였다가 수식 취득으로 최초 과점주주가 된 경우, 취득한 과점주주 전체 지분율만큼 취득세 과세대상이 됩니다.

---

④ 과점주주 내부 간 주식거래
과점주주 내부 간 주식거래는 과점주주 전체로 봤을 때는 지분율 변동이 없기 때문에 취득세가 과세되지 않습니다.

② 과거 상법상 발기인 최소 인원을 맞추기 위한 목적 및 과점주주 회피 목적 등으로 인한 다른 사람 명의로 주주를 올리는 사례가 빈번하게 있었습니다. 하지만 당해 차명주식을 환원하는 과정에서 불필요한 세금을 부담하거나 차명 사실을 입증하는데 어려움이 있고, 차명 주주와의 갈등 문제 등으로 인해 최근에는 법인설립 시 다른 사람 명의를 활용하는 차명주식보다는 배우자 및 자녀 등을 주주로 구성하는 경우가 많아졌습니다.

(3) 임원 구성

① 일반적인 임원 구성

이사회 설치를 위해서 이사는 3인 이상이어야 합니다. 자본금 10억 원 미만은 이사 1인 또는 2인으로 할 수 있으며, 이 경우에는 이사회를 두지 않습니다. 이사회를 두지 않는 경우에는 주주총회와 각 이사(정관에 따라 대표이사를 정한 경우 그 대표이사)가 이사회 기능을 담당합니다.

감사는 자본금 10억 원 미만이면 두지 않을 수 있습니다. 결국 최소 인원에 해당하는 1인 이사만 있어도 법인설립은 가능합니다.

그러나 일반적으로는 이사 1명, 감사 1명으로 임원 구성을 하게 되는데, 이유는 발기 설립 시 이사와 감사는 회사 설립에 관한 사항이 법령 또는 정관 규정에 위반되는지를 조사하여 발기인에게 보고해야 하기 때문입니다. 하지만 이사와 감사 중 발기인이었던 자는 조사보고에 참가하지 못하므로 공증인을 따로 선임하여 조사보고 해야 합니다. 이사 또는 감사가 전원 발기인이 되면 공증인 선임이 필요하므로, 주식을 보유하지 않은 이사 또는 감사를 임원으로 구성하게 되는 것입니다.

회사를 설립할 때에는 반드시 주주 1명과 사내이사 1명이 있어야 합니다. 여기서 주주와 이사는 다릅니다. 주주는 반드시 주식을 보유해야 하지만, 이사는 회사를 운영하는 사람일 뿐이므로 꼭 주식을 보유하지 않아도 됩니다. 그러나 주주와 이사는 한 사람이 맡을 수 있어 주주 겸 사내이사(대표이사) 1명으로 법인설립이 가능합니다.

② 비상근 감사

비상근 감사는 매월 정기 급여를 지급하기보다는 이사회 출석 등의 지급 사유가 발생할 때마다 정액의 보상금을 지급하는 것이 보편적인 지급 방식에 해당됩니다.

간혹 중소기업 대표이사의 배우자를 비상근 감사로 등재하면서 매월 급여를 지급하기도 하지만 비상근 임원에게 지급하는 급여는 해당 법인의 규모, 영업 내용, 근로의 제공 및 경영참여 사실 여부 등에 비추어 손금산입 여부가 결정되는 것으로 실제 법인에게 제공한 업무에 관한 구체적인 입증 서류를 준비한다면 손금 인정받을 수 있지만 명목상 임원으로만 등재하고 허위로 급여를 지급한 사실이 확인된다면 손금 부인될 수 있으니 주의해야 합니다.

법인설립 과정상 핵심포인트

KEY POINTS

법인을 설립하면서 자본금 규모, 주주 등재 및 임원 선임은 중요한 의사결정 사항으로, 추후 법인 운영 중 이를 변경하게 된다면 불필요한 비용 지출을 해야 하거나 과중한 세금을 부담해야 하는 상황이 벌어질 수 있기 때문에 사전에 세무전문가와 충분한 협의를 통해 결정해야 합니다.

참고 | 제2차 납세의무

(1) 개요

제2차 납세의무란 본래의 주된 납세자가 납세의무를 이행하지 아니하여 그의 재산에 대하여 체납처분(재산압류, 매각 등 일련의 강제징수 절차)을 집행하여도 징수할 금액이 부족한 경우, 주된 납세자와 일정한 관계에 있는 자가 그 부족액에 대하여 보충적으로 납세의무를 부담하는 것을 말합니다.

(2) 청산인 등의 제2차 납세의무

① 법인이 해산하면서 ② 국세를 납부하지 않고 잔여재산을 분배·인도하였고, ③ 법인의 재산으로 체납세액을 징수하기 부족한 경우 청산인, 잔여재산을 분배·인도받은 자가 제2차 납세의무를 집니다.

(3) 출자자의 제2차 납세의무

① 주된 납세자가 법인이고, ② 법인의 재산으로 징수가 부족한 경우, ③ 법인의 납세의무 성립일 기준으로 무한책임사원 또는 과점주주인 자가 제2차 납세의무를 집니다.

구분	내용
제2차 납세의무자	주된 납세자의 납세의무 성립일 현재 무한책임사원 또는 과점주주
대상 범위	법인이 납부해야 할 국세, 가산금과 체납처분비
한도	무한책임사원은 한도 없으며, 과점주주는 징수부족액에 지분율을 곱한 금액

(4) 법인의 제2차 납세의무

① 국세 납부기한 종료일 기준으로 무한책임사원 또는 과점주주인 자의 ② 소유주식, 출자지분 매각이 불가능하거나 양도가 제한되어 있고, ③ 출자자의 재산으로 징수가 부족한 경우 그 법인이 제2차 납세의무를 집니다.

(5) 사업양수인의 제2차 납세의무

① 사업을 포괄적 양도·양수하였는데 ② 양수도 한 그 사업의 국세에 대해서 ③ 사업양도인의 재산으로 징수하는 것이 부족한 경우 사업양수인이 제2차 납세의무를 집니다.

7

법인자산의 개인화 방법

 개요

일반적으로 법인 운영 과정상 사업 초기에는 대표자들이 법인세 절감에 관심을 보이다가 법인 매출액 및 당기순이익이 안정화 수준으로 올라가면서 이익잉여금이 계속 누적되는 시점부터는 법인자산을 개인화하는 과정에서 발생하는 세금에 대한 고민이 많아지게 됩니다.

법인자산을 개인화하는 방법 중 가장 기본적인 형태가 법인으로부터 급여를 지급받는 방법이며, 이 경우 연말정산 절차를 통해 근로소득에 대한 소득세를 납부해야 합니다. 그 다음으로 주주에게 배당금을 지급하는 방법이 있는데, 이자소득과 배당소득을 합한 금융소득이 연간 2천만 원을 초과하는 경우 금융소득 종합과세 대상에 해당됩니다. 마지막으로는 퇴직금을 지급하는 방법으로, 분류과세 및 연분연승법 적용으로 급여 및 배당금 방법보다 세금 부담이 상대적으로 적은 방법에 해당됩니다.

✌ 법인자산의 개인화 방법 비교

구분	내용
급여	• 가장 일반적인 방법 • 급여 상승 시 4대보험료 함께 증가 • 종합소득세 적용으로 과세 • 법인 비용처리 가능
배당	• 기업 이윤을 주주에게 분배하는 방법 • 금융소득 2천만 원 초과 시 종합소득세 적용으로 과세 (단, 금융소득 연간 2천만 원 이하 14% 분리과세 적용) • 법인 비용처리 불가
퇴직금	• 종합소득과 합산하지 않고 분류과세 적용 • 근속연수공제, 연분연승법 적용으로 실효세율 상대적으로 낮음. • 4대보험 부과되지 아니함. • 법인 비용처리 가능

① 급여 특징

과거 중소기업 대표자들이 근로소득세 및 4대보험 부담을 줄일 목적으로 급여를 낮은 수준으로 책정하여 지급하는 경우가 빈번하였으나, 낮은 수준의 급여는 법인의 가지급금 발생의 원인으로 작용할 뿐 아니라 중소기업 대표자들의 개인 자산 형성에도 도움이 되지 않기 때문에 최근에는 합리적인 수준으로 급여를 상향 지급하는 중소기업들이 많아지고 있습니다.

급여는 법인자산의 개인화 방법 중 가장 짧은 주기(통상 月단위)로 법인으로 지급받게 되는 금액에 해당될 뿐 아니라 퇴직금 산정의 기초금액에도 해당되기 때문에 합리적인 수준의 급여를 수령하는 것이 매우 중요합니다.

② 배당 특징

만약 대표이사 1인이 100% 지분을 소유하고 있는 상태에서 근로소득이 많은 대표이사에게 2천만 원이 초과되는 배당금을 지급하게 된다면, 종합합산 과세로 인하여 상당히 높은 소득세율을 적용받게 됨에 따라 과중한 소득세 부담을 질 수밖에 없는 구조에 해당됩니다.

반면, 배우자 및 자녀를 주주로 등재하고 이후 상대적으로 다른 소득이 없거나 적은 배우자 및 자녀에게 배당을 지급하게 된다면 2천만 원을 초과한 배당금에 대해 종합소득으로 과세된다 하더라도 합산 과세되는 다른 소득이 없거나 적은 금액이기 때문에 배당으로 인한 절세효과를 극대화시킬 수 있게 됩니다.

실제로 많은 중소기업에서 설립 이후 한 번도 배당을 실시한 적이 없는데, 법인에서 배당금을 지급할 현금이 충분치 않거나 배당 절차상 복잡하고 배당을 꼭 해야 할 필요성을 느끼지 못해서 하지 않는 경우가 대부분에 해당됩니다.

하지만, 자녀에게 지분을 증여한 이후 매년 일정금액을 지속적으로 배당하게 된다면 자녀에게 합법적인 소득 및 자금을 마련해줄 수 있는 좋은 방법에 해당됩니다.

또한 배당을 실시하게 되면 법인 입장에서도 미처분 이익잉여금이 감소하게 되어 순자산가치를 낮추는 효과로 비상장주식가치를 절감시킬 수 있게 되며, 이로 인해 지분이전에 따른 양도소득세, 증여세 등 세금 부담을 줄일 수 있게 됩니다.

③ 퇴직금 특징

퇴직금은 오랜 근속기간에 걸쳐 형성 및 집적된 소득을 퇴직시점에 한꺼번에 지급해야 하므로, 법인 입장에서는 퇴직금 재원을 사전에 마련해 놓아야 합니다. 현행 근로자퇴직급여보장법에서 퇴직급여제도는 확정급여형퇴직연금제도, 확정기여형퇴직연금제도, 중소기업퇴직연금기금제도 및 퇴직금제도가 있으며, 이상 4가지 제도 중 하나 이상의 퇴직급여제도를 설정하도록 규정하고 있습니다.

퇴직금은 급여 및 배당보다 낮은 세금을 부담하는 방법으로 절세효과뿐 아니라
비상장주식 평가에 있어서도 순손익가치 절감 전략으로 활용도가 높은 방법
입니다.

한편, 대표이사 입장에서 합리적 수준의 퇴직금을 법인으로부터 수령하기 위한
구체적인 계획이나 준비가 갖춰져야 하는데, 우선 정관상 임원퇴직금 지급규정을
통해 지급 배수 규정을 마련하고 그에 부합하는 퇴직금 재원을 마련할 수 있는
방법을 준비해야 합니다.

* 종합과세, 분리과세 및 분류과세

구분	과세 방법
종합과세	소득 종류와 관계없이 기간단위로 합산하는 방식으로 이자, 배당, 사업, 근로, 연금, 기타소득을 합산하여 종합소득으로 과세
분리과세	일정한 소득은 기간별 합산하지 않고 당해 소득이 지급될 때 소득세 원천징수로 과세 종결처리됨.
분류과세	퇴직소득, 양도소득은 다른 소득과 합산하지 않고 별도로 과세

3 합리적인 법인자산의 개인화 방법

과거에는 세금 부담이 가장 적은 방법이라는 이유로 퇴직금만 강조했지만, 최근에는 합리적인 수준의 급여 책정 및 지급을 통해 대표자의 단기 자금 및 소득원 확보가 가능하다는 점, 소득 분산 및 증여 목적으로 지속적인 배당을 실시해야 한다는 점 그리고 합리적 수준의 퇴직금을 법인으로부터 자금 부담 없이 인출할 수 있도록 사전 준비해야 한다는 점을 모두 강조함으로써 법인자산의 개인화 방법 중 급여, 배당, 퇴직금 중 한 가지 방법에 치우치기보다 세 가지 방법 모두를 조화롭게 활용할 수 있도록 고객에게 안내하는 방식으로 변하고 있습니다.

4 법인자산 개인화 방법 중 특수한 경우

회사의 자본과 이익잉여금을 활용해 감자나 이익소각을 하는 방법으로, 법인 자산을 유동화하는 방법도 고려해 볼 수 있습니다. 감자는 회사의 자본금을 감소시키는 것으로, 감자를 실시하려면 주주총회 특별결의 및 채권자보호절차 등 엄격한 상법상 절차를 따라야 합니다. 반면, 이익소각은 상대적으로 절차상 복잡하지는 않지만 감자 및 이익소각 모두 이로 인해 주주가 취득하는 금전은 의제배당에 해당되어 소득세가 과세되며, 감자(소각)대가와 당해 주식 취득가액과의 차액에 대해 소득세가 부과됩니다.

가지급금이 발생되지 않도록 대표이사에게 적정한 급여 지급이 필요하고, 자녀를 주주로 등재한 이후 매년 지속적인 배당을 통해 합법적인 소득원 및 자금마련이 가능하며, 퇴직금은 가장 낮은 세금 부담으로 노후 및 은퇴자금을 마련할 수 있는 장점이 있는 방법입니다. 법인자산의 개인화를 위해서는 한 가지 방법만을 강조하기보다는 급여, 배당, 퇴직금 3가지 방법 모두를 조화롭게 활용하는 것이 타당할 것입니다.

II

법인에 대한 과세방식 및
주요 손금항목

법인컨설팅을 위한
보 험 세 무 핵 심 포 인 트

법인 구분 및 과세방식

1️⃣ 개요

법인이란 자연인이 아니면서 권리능력이 인정된 법률적 주체를 말합니다. 법인은 법률적 규정에 의하지 않고는 성립할 수 없기 때문에 그 단체의 성격 등에 따라 법인 해당 여부를 판단하는 것이 아니라 단체 설립에 근거가 되는 법률의 성립 요건을 충족했는지 여부에 따라 판단하는 것입니다.

2️⃣ 법인 구분

법인세법에서는 납세의무자인 법인을 내국법인과 외국법인으로 구분하고, 또한 영리법인 및 비영리법인으로 구분하여 소득원천에 따른 과세소득 범위를 규정하고 있습니다.

구분	각 사업연도 소득에 대한 법인세	청산소득 법인세
영리내국법인	국내외 모든 소득	과세
비영리내국법인	국내외 수익사업 소득	비과세
영리외국법인	국내원천소득	
비영리외국법인	국내원천소득 중 수익사업소득	

① 내국법인 및 외국법인

법인세법에서는 본점, 주사무소 또는 사업의 실질적 관리장소가 국내에 있는 법인을 내국법인이라 하고, 본점 또는 주사무소가 외국에 있는 단체(사업의 실질적 관리장소가 국내에 있지 아니하는 경우만 해당)로서 대통령령으로 정하는 기준에 해당하는 법인을 외국법인이라 규정하고 있습니다.

② 영리법인 및 비영리법인

영리법인은 영리를 목적으로 하는 법인을 말하고, 비영리법인은 영리 아닌 사업을 목적으로 하는 사단법인 및 재단법인을 말합니다. 여기서 영리란 대외적으로 영리 활동 또는 수익활동을 하는 것뿐 아니라 법인의 구성원에게 이익을 분배하거나 잔여재산 분배를 목적으로 하는 사업을 의미합니다. 만약 비영리 법인이 해산 한다면 청산과정에서 발생한 잔여재산은 당해 비영리법인의 구성원에게 분배하는 것이 아니라, 정관에 지정된 자 또는 국고에 귀속하게 됩니다.

☞ 3 과세소득에 대한 학설

① 순자산증가설

원칙적으로 모든 순자산증가액에 대하여 과세소득으로 파악하는 방식입니다. 이에 따라 경상적·계속적인 것뿐 아니라 일시적·우발적으로 발생하는 것도 과세소득에 포함됩니다. 순자산증가설에 따르면 소득은 발생원천별로 구분없이 파악되며, 순자산증가액은 원칙적으로 모두 과세되는 것입니다. 현행 법인세법은 원칙적으로 순자산증가설에 의하여 과세소득을 파악하고 있습니다.

② 소득원천설

일정한 원천에서 경상적·계속적으로 발생하는 것만 과세소득으로 파악하는 방식입니다. 소득원천설에 따르면 소득은 발생원천별로 구분되며, 법에 열거되지 않은 것에 대해서는 과세할 수 없습니다.

4 과세방식

법인세법에서는 과세소득을 포괄주의방식에 따라 규정하고 있습니다. 과세소득을 하나하나 열거하여 규정하지 않고 포괄적인 정의에 의하여 규율하고 있는 반면, 소득세법은 열거주의방식에 따라 소득의 원천별로 소득세 과세대상을 규정하고 있습니다.

5 법인세 과세소득

① 각 사업연도 소득

법인 소득 중 가장 기본적인 소득으로 각 사업연도 익금총액에서 손금총액을 공제한 금액으로 산정하게 됩니다. 익금은 자본 또는 출자의 납입 및 이 법에서 규정하는 것은 제외하고 해당 법인의 순자산을 증가시키는 거래로 인하여 발생하는 이익 또는 수입의 금액을 말하는 것이며, 손금은 자본 또는 출자의 환급, 잉여금의 처분 및 이 법에서 규정하는 것은 제외하고 해당 법인의 순자산을 감소시키는 거래로 인하여 발생하는 손실 또는 비용의 금액을 말합니다.

② 토지 등 양도소득

법인이 주택, 별장, 비사업용 토지 및 분양권 등을 양도함으로써 발생한 소득을 말하는 것으로, 법인의 부동산투기를 억제할 목적으로 각 사업연도 소득에 추가하여 과세하는 소득을 말합니다.

③ 청산소득

내국법인이 해산(합병이나 분할에 의한 해산은 제외)한 경우 그 법인의 해산에 의한 잔여재산의 가액에서 해산등기일 현재의 자기자본의 총액을 공제한 금액으로 산정합니다.

세무조정

 개요

세무조정이란 기업이 일반적으로 공정 및 타당하다고 인정되는 기업회계기준에 의하여 작성한 재무제표상의 당기순이익을 기초로 하여 세법의 규정에 따라 익금과 손금을 조정함으로써 정확한 과세소득을 계산하기 위한 일련의 절차를 말합니다.

즉, 기업회계와 세무회계 차이를 조정하는 과정을 세무조정이라고 합니다.

○ **세무조정**

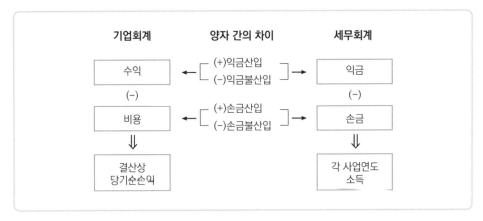

2 세무조정 사항

기업회계와 세무회계의 차이는 다음 항목들을 가감하여 조정하게 됩니다.

구분	내용
익금산입	기업회계상 수익이 아니나, 세무회계상 익금으로 인정하는 것
익금불산입	기업회계상 수익이나, 세무회계상 익금으로 보지 않는 것
손금산입	기업회계상 비용이 아니나, 세무회계상 손금으로 인정하는 것
손금불산입	기업회계상 비용이나, 세무회계상 손금으로 보지 않는 것

3 소득처분

기업회계와 세무회계 차이를 조정하는 세무조정 항목에 대하여 그 귀속을 밝히는 절차를 소득처분이라고 하며, 그 유형은 아래와 같습니다.

구분	소득처분 유형		효과
익금산입 및 손금불산입	사외유출	배당, 상여, 기타소득	귀속자에게 소득세 과세
		기타사외유출	사후관리 불필요
	유보		세무상 자본 증가
	기타		사후관리 불필요
손금산입 및 익금불산입	△유보		세무상 자본 감소
	기타		사후관리 불필요

이러한 소득처분은 유보와 사외유출로 구분됩니다. 유보처분은 세무상 자산 및 부채로 관리함으로써 이후 사업연도 세무조정을 적정하게 할 수 있으며, 사외유출처분은 귀속자에게 소득세 납세의무를 지우면서 법인에게는 원천징수의무가 성립하게 되는 중요한 역할을 수행하게 됩니다.

○ **소득처분 구조**

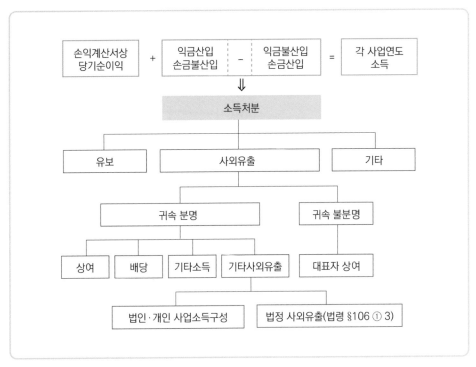

4 법인세 신고기한

법인은 사업연도 종료일이 속하는 달의 말일부터 3월 이내에 법인세를 신고
해야 합니다. 대다수 법인의 사업연도가 1월 1일부터 12월 31일까지로 정해져
있기 때문에, 이런 경우 법인세 신고 및 납부기한은 3월 31일입니다.

○ 법인의 과세표준 및 세액 계산절차

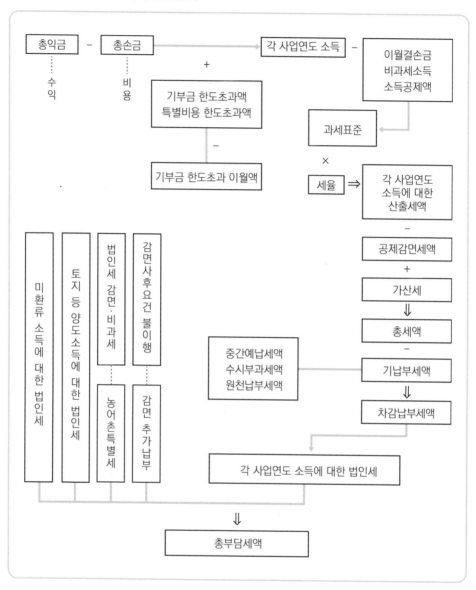

10

기업업무추진비에 대한 처리

1 개요

"기업업무추진비"란 접대, 교제, 사례 또는 그 밖에 어떠한 명목이든 상관없이 이와 유사한 목적으로 지출한 비용으로서 내국법인이 직접 또는 간접적으로 업무와 관련이 있는 자와 업무를 원활하게 진행하기 위하여 지출한 금액을 말합니다.

....

* 2024. 1. 1. 이후 개시하는 과세연도부터 접대비 명칭이 "기업업무추진비"로 변경되었습니다.

2 광고선전비 등과의 구분

사업상 필요에 의하여 업무와 관련이 있는 자에게 접대 · 향응 · 선물기증 등 접대행위로 지출된 모든 금품의 가액은 기업업무추진비에 해당하는 것이며, 광고선전비 및 기부금과는 아래와 같이 구분될 수 있습니다.

종류	구분 기준	
기부금	업무와 관련 없는 지출	
기업업무추진비	업무와 관련 있는 지출	특정고객을 위한 지출
광고선전비		불특정 다수인을 위한 지출

거래관계의 원활한 진행을 도모하기 위하여 지출한 비용은 "기업업무추진비" 이며, 불특정 다수인의 구매의욕을 자극하기 위하여 지출한 비용은 "광고선전비"에 해당됩니다.

 기업업무추진비 적격증빙 요건

내국법인이 한 차례의 접대에 지출한 기업업무추진비 중 3만 원(경조금 20만 원)을 초과하는 기업업무추진비로서, 다음 각 호의 어느 하나에 해당하지 아니하는 것은 손금부인되고 기타사외유출로 소득처분 됩니다.

① 신용카드를 사용하여 지출한 기업업무추진비
② 현금영수증을 사용하여 지출한 기업업무추진비
③ 계산서 또는 세금계산서를 발급받아 지출하는 기업업무추진비
④ 매입자발행세금계산서를 발행하여 지출하는 기업업무추진비
⑤ 원천징수영수증을 발행하여 지출하는 기업업무추진비

 기업업무추진비 시부인 계산

손금부인 순서		소득처분
① 증빙누락분		대표자 상여
② 건당 3만 원 초과 적격증빙 미수취분		기타사외유출
③ 상기 손금부인 제외한 기업업무추진비	한도초과액	기타사외유출
	한도 내 금액: 손금인정	–

 **기업업무추진비 한도액**

　내국법인이 각 사업연도에 지출한 기업업무추진비 중 직접 손금부인된 기업업무추진비 (①, ②)를 제외한 금액으로 기업업무추진비 한도액(㉠과 ㉡을 합한 금액)을 초과하는 금액은 해당 사업연도 소득금액 계산 시 손금불산입하고 기타사외유출로 소득처분 합니다.

㉠　　　　1,200만 원　　　　× $\dfrac{당해\ 사업연도의\ 월수}{12}$
　　(중소기업의 경우 3,600만 원*)

　　* 월수는 역에 따라 계산하되 1월 미만의 일수는 1월로 합니다.

㉡ 수입금액을 일반수입금액과 기타수입금액으로 구분하여 계산한 금액의 합계액－수입금액별 · 법인별 적용률

수입금액	일반수입금액	기타수입금액
100억 원 이하	$\dfrac{30}{10,000}$	특수관계자와의 거래에서 발생한 수입금액에 대하여 그 수입금액에 적용률을 곱하여 산출한 금액의 10%
100억 원 초과 500억 원 이하	3천만 원+100억 원 초과금액의 $\dfrac{20}{10,000}$	
500억 원 초과	1억 1천만 원+500억 원 초과금액의 $\dfrac{3}{10,000}$	

기업업무추진비 귀속시기

　기업업무추진비는 접대행위로 인한 지급 의무가 확정되는 시점에 손금에 산입하는 것으로, 발생주의에 의하여 귀속시기를 판단합니다.

11

대손금에 대한 처리

1 대손충당금에 대한 개요

외상매출금, 대여금, 기타 채권에 대한 대손예상액을 대손충당금으로 손금 계상한 경우에는 일정금액의 범위 내에서 손금에 산입합니다.

2 대손충당금 설정대상 채권의 범위

구분	내용
설정대상 채권	외상매출금, 대여금 및 기타 어음상의 채권, 미수금과 기타 기업회계 기준에 의한 대손충당금 설정대상 채권
설정제외 채권	채무보증으로 인하여 발생한 구상채권 특수관계인에게 업무와 관련없이 지급한 가지급금

3 대손충당금 손금한도액

대손충당금은 사업연도 종료일 현재 설정대상 채권의 세무상 장부가액의 1%에 상당하는 금액과 채권잔액에 대손 실적률을 곱하여 계산한 금액 중 큰 금액의 범위 안에서 손금에 산입합니다.

4 대손충당금 상계와 환입

대손으로 확정된 채권은 대손충당금과 상계해야 하고, 대손충당금을 초과하는 금액은 당해 사업연도의 손금으로 계상합니다. 대손충당금 중 대손금과 상계하고 남은 대손충당금 잔액은 다음 사업연도에 전액 익금산입하는 방식으로 조정하게 됩니다.

5 대손금의 범위

대손금은 회수 불능채권의 금액으로 강제대손 사유에 해당하는 경우 대손 사유가 발생한 날이 속하는 사업연도의 손금으로 처리하며, 임의대손 사유에 해당하는 경우에는 대손 사유가 발생하여 손금으로 계상한 날이 속하는 사업연도의 손금으로 처리합니다.

구분	내용
신고조정사항 (강제대손 사유)	• 상법, 어음법, 수표법, 민법에 따른 소멸시효 완성 채권 • 「채무자 회생 및 파산에 관한 법률」에 의한 회생계획인가의 결정 또는 법원의 면책결정에 따라 회수불능 확정 채권 • 민사집행법에 따라 채무자의 재산 경매 취소 압류채권
결산조정사항 (임의대손 사유)	• 채무자의 파산, 강제집행, 형의 집행, 사업의 폐지, 사망, 실종 또는 행방불명으로 인하여 회수할 수 없는 채권 • 부도발생일로부터 6월 이상 경과한 수표 또는 어음상의 채권 및 부도발생일 이전에 발생한 중소기업의 외상매출금 • 회수기일을 6월 이상 경과한 채권 중 30만 원 이하인 채권 • 중소기업의 외상매출금 및 미수금으로서 회수기일이 2년 이상 외상매출금 등(단, 특수관계인과의 거래로 인하여 발생한 외상매출금 등은 제외)

* 부실채권 대손처리에 따라 비상장주식 평가시 순자산가치 감소전략으로 활용 가능

대손금으로 손금산입한 금액 중 회수된 금액은 회수된 날이 속하는 사업연도 익금에 산입합니다.

12

퇴직급여에 대한 처리

☞ 1 퇴직급여충당금 설정

(1) 개요

내국법인이 임원 또는 사용인의 퇴직급여에 충당하기 위하여 퇴직급여충당금을 결산상 손금으로 계상한 경우에는 일정금액의 범위 안에서 손금에 산입합니다.

(2) 손금산입범위액(Min ①, ②)

① 총급여액 기준

퇴직급여충당금 설정대상자에게 해당 사업연도에 지급한 총급여액×5%

② 퇴직급여충당금 누적액 기준액

(퇴직급여추계액×한도율+퇴직금전환금 기말잔액) – 당기말 세무상 충당금 잔액

....

* 2016년 이후 퇴직급여충당금 누적액 한도율이 0%이므로, 실질적으로 퇴직급여충당금 손금산입 한도액은 0원이 됩니다.

퇴직급여 지급 시 충당금과 상계 처리

퇴직급여충당금을 손금에 산입한 법인이 임원 또는 직원에게 퇴직금을 지급하는 경우에는 그 퇴직급여충당금에서 먼저 지급한 것으로 보며, 퇴직급여충당금을 계상한 법인이 퇴직급여를 지급하는 때에는 개인별 퇴직급여충당금과는 관계없이 법인 전체 퇴직급여충당금과 상계해야 합니다.

여기서 퇴직급여충당금 설정액 중 손금불산입된 금액이 있는 법인이 퇴직급여를 지급하는 경우 손금산입한 퇴직급여충당금과 상계하고 남은 금액에 대하여는 기 손금불산입된 금액을 손금으로 추인합니다.

퇴직급여의 사외적립

법인세법에서 2016년 1월 1일부터 퇴직급여충당금 누적액 기준의 한도율이 0%이므로 실질적인 손금산입 한도액은 0원입니다. 이에 따라 사외적립제도인 퇴직연금 등의 가입을 통해 법인이 실제로 불입한 금액을 손금에 산입하도록 허용하고 있습니다.

퇴직연금 등 손금산입 방법

(1) 확정기여형퇴직연금 처리

확정기여형퇴직연금의 부담금은 법인이 사외 퇴직연금사업자에게 불입함으로써 퇴직급여 지급의무가 종결된 것이므로 전액 손금에 산입합니다. 다만, 임원에 대한 부담금은 법인이 퇴직 시까지 부담한 부담금의 합계액을 퇴직급여로 보아 임원퇴직급여 한도 규정을 적용하되, 한도 초과금액이 있는 경우에는 퇴직일이 속하는 사업연도의 부담금 중 손금산입 한도 초과금액 상당액을 손금에 산입하지 아니하고, 손금산입 한도 초과금액이 퇴직일이 속하는 사업연도의 부담금을 초과하는 경우 그 초과금액은 퇴직일이 속하는 사업연도의 익금에 산입합니다.

(2) 확정급여형퇴직연금 처리

퇴직연금 등 손금산입 한도액=Min(①, ②)

① 퇴직급여추계액 한도

당기말 현재 퇴직급여추계액−당기말 현재 세무상 퇴직급여충당금 잔액
−기 손금산입한 부담금

② 퇴직연금예치금 한도

기말 퇴직연금예치금 잔액−기 손금산입한 부담금

5 확정급여형퇴직연금 가입 사업자에 대한 세무조정 순서

① 퇴직금 지급에 대한 세무조정
② 퇴직급여충당금 설정에 대한 세무조정
③ 퇴직연금부담금 설정에 대한 세무조정

III

가지급금 해결을 위한
세무컨설팅 전략

법인컨설팅을 위한
보 험 세 무 핵 심 포 인 트

13

가지급금 발생 및 해결방안

👆 개요

가지급금이란 법인 대표이사 등 특수관계자에게 업무와 관련없이 회사의 자금을 대여한 금전을 말합니다. 업무와 관련없이 대표이사 등에게 지급하는 가지급금은 회사의 자금을 대표이사 등이 유용하게 되어 법인에게 손실을 주게 되므로(가지급금을 금융기관에 예치하는 경우 이자소득이 발생하여 법인의 소득을 증가시키게 됨에도 무상으로 자금을 대여함으로써 법인에 손실 초래) 세법에서 엄격한 규제를 하고 있습니다.

재무상태표상 가지급금은 주임종단기대여금, 단기대여금, 기타의 단기대여금 등 회사별 회계담당자의 선택에 따라 다양한 계정과목으로 처리되고 있습니다.

....
* 직원에 대한 월정급여액의 범위에서의 일시적인 급료의 가불금, 직원에 대한 경조사비 또는 학자금
  (자녀 학자금 포함)의 대여액은 세무상 규제대상인 가지급금에서 제외됩니다(법인세법 시행규칙 제
  44조).

🖐️ 발생원인

실무상 가지급금은 대표이사, 대주주 등이 업무와 관계없이 개인적인 사유로 인하여 회사로부터 빌려간 돈이 대부분을 차지하게 되며, 주로 아래와 같은 원인으로 인해 가지급금이 발생하게 됩니다.

구분	내용
적격증빙 미수취	법인에서 자금 집행하고 난 이후 적격증빙 미수취로 인한 가지급금 처리
결산 과정상 현금부족액 처리	결산 과정에서 장부상 부족한 현금에 대해 지출내역 및 지출사유 등이 확인되지 않는 경우 가지급금 처리
회계상 임시계정	회계상 지출은 있었으나, 거래내용 등이 불분명하여 계정 처리까지 미확정인 상태에서 임시계정으로 처리
분식회계	법인에서 가공 매출을 통해 손익계산서상 수입금액을 억지로라도 늘려야 하는 상황에서 가지급금이 발생하게 되며, 통상 금융기관 대출 또는 입찰 과정에서 재무건전성을 높이기 위한 분식회계 과정에서 발생
가장납입	법인설립 과정에서 가장납입을 통해서도 가지급금 발생

이러한 이유로 가지급금이 발생한 법인에 대해서는 과세관청에서 회계 및 세무처리가 투명하게 이루어지고 있지 않다고 판단할 가능성이 높기 때문에 가급적 빠른 시일 내에 정리가 필요합니다.

🖐️ 가지급금에 대한 불이익

업무무관한 대여금에 해당하는 가지급금에 대해서는 아래와 같은 여러 가지 불이익이 발생하게 됩니다.

구분	내용
인정이자 계산	가지급금 인정이자 익금산입 대표자 상여 처분 • 법인: 익금산입 법인세 증가 • 해당 임원: 상여처분으로 근로소득세 과세
지급이자 손금부인	업무무관자산에 대한 지급이자 손금불산입
대손금 처리불가 및 대손충당금 설정 불가	업무무관자산에 대한 대손충당금 설정대상 채권에서 제외 및 대손처리 불가능
신용도 평가상 불이익	기업 신용평가상 가지급금 자산 불인정 및 비재무적 평가에 있어서도 대표자 신용 부정적 평가 요인
과세관청 관리대상	세무회계 불투명성으로 인해 세무조사 대상으로 선정될 가능성 있음.
업무상 배임, 횡령죄	거액의 가지급금 상환이 이루어지지 않은 경우 공금횡령으로도 오인될 가능성 있음.
법인 청산 시 상여처분	법인 청산 시까지 회수되지 않은 가지급금은 대표이사 상여 처분되어 개인 소득세 부담 증가

여기서 가지급금 인정이자 계산 시 적용되는 이자율은 가중평균차입이자율로 하되, 가중평균차입이자율의 적용이 불가능하거나 법인세 신고와 함께 인정이자 조정명세서를 제출하면서 당좌대출이자율을 선택한 경우에는 당좌대출이자율을 적용할 수 있습니다.

현행 당좌대출이자율은 4.6%로 규정하고 있으며, 가중평균차입이자율은 가지급금 발생시점에 법인이 보유한 각각의 차입금 잔액에 차입 당시의 각각의 이자율을 곱한 금액의 합계액을 해당 차입금 잔액의 총액으로 나눈 비율로 계산합니다.

....
* 당좌대출이자율 변동 내역

구분	이자율	비고
2002. 1. 1. 이후	9%	국세청고시 제2001-31호
2009. 1. 1. 이후	8.5%	법칙 제43조 제2항
2012. 1. 1. 이후	6.9%	법칙 제43조 제2항
2016. 3. 7. 이후	4.6%	법칙 제43조 제2항

4️⃣ 가지급금 해결을 위한 방법

① 원인 규명 및 개선 노력

가지급금 해결을 위해 여러 가지 방법을 검토하는 것도 중요하지만, 우선적으로 가지급금이 발생되는 원인 규명부터 철저하게 이루어져야 합니다. 당해 가지급금은 업계 관행상 영업 목적의 접대비나 리베이트 등으로 불가피하게 발생되는 경우도 있기 때문에 발생 원인을 찾는 것이 중요합니다. 발생 원인이 파악되었다면 그 다음으로는 가지급금이 추가로 발생되지 않도록 회사 시스템을 개선하거나 기존 가지급금 상환 계획을 수립하여 점진적으로 해결할 수 있는 방안을 마련해야 합니다.

한 가지 방법만으로 일시에 가지급금을 해결하기보다는 여러 가지 방법 등을 동시에 실행하면서 시간적으로 충분한 기간을 두고 가지급금을 해결하는 것이 합리적인 방법에 해당됩니다.

② 가지급금 상환을 위한 전통적 방식 – 급여, 배당, 퇴직금 활용

당해 가지급금 상환은 대표이사 입장에서 법인에게 빌려간 금액을 상환하는 것으로 대부분 법인 대표자들의 일반적인 소득원천은 해당 법인이기 때문에 통상 법인으로부터 아래와 같은 방법을 통해 자금을 인출하고, 당해 인출 금액을 기반으로 가지급금을 상환하게 됩니다.

구분	내용
급여 인상	급여 인상으로 근로소득세 및 건강보험료 부담이 증가하는 단점이 있으며, 이로 인해 대폭적인 급여 인상은 현실성이 떨어질 수 있습니다.
이익 배당	매년 지속적인 배당을 실시하는 방법으로 금융소득 2천만 원 초과에 따른 금융소득종합과세 적용 시 배당 실익이 없어지는 단점이 있습니다. 이런 단점을 보완하기 위해 배당소득 이외에 상대적으로 타소득이 적은 배우자 또는 자녀에게 주식증여 후 배당을 통해 낮은 세금으로 배당재원을 확보하는 방법도 있습니다. 다만, 배우자 및 자녀에게 귀속된 자금을 대표이사 가지급금 상환재원으로 활용하기에는 세무상 리스크가 커지기 때문에 현실적으로 적용하기에 어려움이 있습니다.

구분	내용
퇴직금 중간정산	2015년까지는 임원의 연봉제 전환으로 인한 중간정산이 가능했으나, 그 이후에는 예외적인 중간정산 사유가 있는 경우 이외에는 퇴직금 정산을 통한 가지급금 상환은 어렵게 되었습니다. 일부에서는 임원 퇴직 후 재입사 등의 방법을 고려하기도 하나, 퇴직 및 재입사를 할 수밖에 없었던 불가피한 사정을 객관적인 증빙서류를 통하여 설득력 있게 과세관청 등에 제시하지 않고 막연한 이유만으로 설명하려고 한다면 과세관청에서는 현실적인 퇴직으로 인정하지 않을 가능성이 매우 높습니다.

③ 특허권, 자기주식, 이익소각 등 방법

구분	내용
특허권	대표이사 개인 소유 특허권을 법인에게 매각하고 그 매매대금으로 가지급금을 상환하는 방법입니다. 당해 특허권 양도는 기타소득으로 구분되며, 당해 특허권 매각대금의 60% 상당액이 필요경비 의제 공제되는 규정을 적용받을 수 있어 절세 가능한 방법입니다. 당해 매각대금을 지급하는 법인 입장에서는 무형자산으로 계상 후 감가상각비로 비용처리 가능한 장점이 있습니다. 다만, 최근 조세심판원에서 대표이사 개인 명의로 출원 등록한 특허권을 법인에게 매각하는 거래를 부인하는 사례가 다수 있으니 주의하기 바랍니다.
자기주식	대표이사가 보유한 당해 법인 주식을 해당 법인에게 매각하는 방법으로, 주식을 취득한 법인 입장에서는 자기주식을 소유하게 됩니다. 대표이사가 가지급금을 상환할 목적으로 당해 주식을 자기주식 형태로 매각한다면 과세관청에서 당해 주식거래를 부인하고 이를 또다른 가지급금으로 보아 과세처분한 사례가 있으니 주의하기 바랍니다.
이익소각	대표이사 보유 당해 법인 주식을 배우자에게 증여한 이후 이를 다시 법인에게 매각하고 법인에서 취득한 자기주식을 이익소각을 통해 정리하는 방법입니다. 당해 법인에게 주식을 매각한 배우자가 수령한 매각대금을 다시 대표이사에게 증여하고 이를 통해 가지급금을 상환하는 방식으로 최근 몇 년 전부터 많은 중소기업에서 활용한 방법이었습니다. 하지만 배우자 증여공제를 활용한 이익소각에 대하여 조세심판원에서 지속적으로 부인한 사례가 많고 행정소송 진행 중인 건들이 많기 때문에 추후 법원의 판결 내용 등을 확인하면서 신중하게 접근해야 하는 방식입니다.

④ 기타 대표이사 소유 부동산 또는 동산 양도 활용

대표이사 개인 소유 부동산, 차량, 각종 회원권 등을 법인에게 매각하는 방법으로, 통상 부동산은 법인으로 소유권 이전한 이후에도 사택 등의 용도로 대표이사가 계속 사용하는 사례도 있으며, 차량 및 각종 회원권에 대해서도 소유권은 법인으로 이전되지만 회사 운영상 대표이사가 지속적으로 사용 가능하다는 장점이 있습니다.

가지급금 해결을 위한 핵심포인트

KEY POINTS

가지급금이 발생되는 원인에 대한 규명부터 먼저 이루어져야 하고, 이를 통해 가지급금이 다시 발생되지 않도록 시스템을 개선하고 가지급금을 상환하기 위한 장기적인 플랜을 수립하면서 다양한 방법을 동원해서 해결하는 것이 합리적인 가지급금 해결방안일 것입니다.

14

특허권

 개요

특허권이란 기술적 사상의 창작물(발명)을 일정기간 독점적 · 배타적으로 소유 ·
사용할 수 있는 권리를 의미하는 것으로, 특허 출원일로부터 20년간 그 권리를
인정받고 있습니다.

중소기업에서 많이 활용하고 있는 특허권 컨설팅은 통상 중소기업 대표이사가
회사 제조, 판매 제품에 대한 특허 출원을 한 이후 당해 특허권을 법인에게 양도
하는 방법으로, 상기에서 언급된 영업권과 유사하게 60% 필요경비 의제가 적용
되는 기타소득으로 처리됨에 따라 소득세를 절감시키는 전략으로 활용되고 있습
니다.

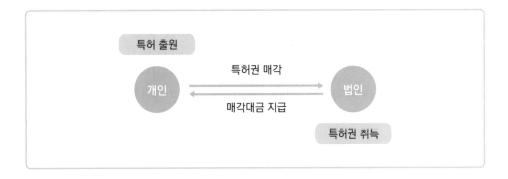

2️⃣ 특허권 이전 형태에 따른 세금문제

대표이사 명의로 출원된 특허권을 해당 법인에게 양도하는 경우 및 이를 대여하는 경우 아래와 같이 처리상 차이가 발생하게 됩니다.

구분	특허권 양도	특허권 대여
소득구분	양도대가 기타소득	사업성 없는 경우 기타소득 사업성 있는 경우 사업소득
법인처리	무형자산으로 계상한 후 7년 감가상각 통해 비용처리	지급하는 대여료에 대한 지급수수료 비용처리

특허권을 일정기간 동안 계속적·반복적으로 사용하도록 하고 그 대가를 지급받는 경우에는 사업소득에 해당하나, 일시적인 특허권의 대여로 인한 대가를 지급받는 경우에는 기타소득에 해당됩니다.

3️⃣ 직무발명보상금에 대한 처리

발명진흥법 제2조 제2호에 따른 종업원 등이 사용자 등으로부터 지급받는 직무발명보상금의 경우 근로소득에 해당하는 것으로 2024년부터 연간 700만 원 한도 내에서 비과세 적용됩니다. 단, 사용자가 개인사업자인 경우 해당 개인사업자 및 그와 친족 관계에 있는 자는 제외되고, 사용자가 법인인 경우 해당 법인의 지배주주 등(법인세법 시행령 §43⑦ 에 따른 지배주주 등) 및 그와 특수관계(친족관계 또는 경영지배관계)에 있는 자는 비과세 적용대상에서 제외됩니다.

4️⃣ 실무상 특허권 평가에 대한 절차

통상 특수관계에 있는 법인에게 특허권을 매각함에 따라 세무상 시가로 인정받을 수 있는 감정평가법인의 감정평가가액으로 평가하게 됩니다. 영업권과 유사하게 실무적으로는 우선 탁상 감정을 통해 대략적으로 특허권 평가가액을 확인한 이후 정식으로 감정평가를 의뢰하는 경우가 일반적입니다. 만약 탁상 감정을 통한 특허권 평가금액이 예상했던 금액보다 훨씬 못 미치는 금액으로 산정된다면, 특허권 거래를 통한 실익이 없다고 판단하여 특허권 평가 및 매각을 진행하지 않는 경우가 발생되기도 합니다.

5 대표이사 명의로 출원한 특허권 인정 여부

최근 특허권 매각거래에 대하여 세무상 부인되는 국세 심판례가 아래와 같이 생성되고 있습니다. 대표자가 법인으로부터 급여를 수령하면서 근무하는 기간 동안 개인 명의로 등록한 특허권에 대하여 대표자 직무와는 별개로 해당 법인의 인적·물적 지원없이 당해 특허권을 대표자 본인이 실질적으로 발명의 기술적 과제를 해결하면서 개발했다는 사실을 입증할 수 있는 객관적인 증빙을 제출하지 못한다면, 과세관청에서 해당 특허권 거래를 부인할 가능성이 높아졌기 때문에 주의가 필요합니다.

○ 최근 특허권 매각 거래 부인된 조세심판원 사례

구분	내용
조심 2021중6944, 2022. 4. 25.	특허권은 청구법인의 주된 사업과 관련된 것으로서, 청구법인의 경험과 노하우가 개입되어 창출된 것으로 봄이 합리적인 반면, **대표자가 단순한 아이디어를 제공한 것에 그치지 않고, 발명의 기술적 과제를 해결하기 위한 구체적 행위를 통해 창작행위에 실질적으로 기여한 사실을 인정할 만한 별다른 객관적인 증빙은 제출하지 못한 점**, 설령 쟁점 특허권의 창출에 있어, 대표자의 노력이 일정부분 기여된 점이 있다 하더라도, 이는 대표자의 직무와 관련된 것으로 봄이 타당한바, 그 대가는 「소득세법」 제20조 제1항 제5호에 따라 근로소득이 되어야 하는 점 등에 비추어, 이 건 처분은 달리 잘못이 없는 것으로 판단됨.
조심 2021구5945, 2022. 10. 12.	**회사의 대표이사가 쟁점 특허권의 개발에 참여하였다 하더라도 이는 법인 소속으로 있는 자가 본연의 업무를 수행한 것으로 볼 수 있는 점**, 단순한 아이디어 제시나 기존 기술에 대한 추가보완은 발명으로서의 필수적인 요건을 갖추었다고 보기 어렵고, **청구법인의 대표는 청구법인의 인적·물적 지원없이 쟁점 특허권을 개발했다고 하는 지출내역 등을 제출하지 못하고 있는 점** 등에 비추어 처분청이 쟁점 특허권의 실질적 소유권이 청구법인에게 있는 것으로 보아 청구법인이 대표이사로부터 쟁점 특허권을 취득한 거래를 부인하여 과세한 이 건 처분은 달리 잘못이 없는 것으로 판단된다.
조심 2022부0183, 2022. 10. 31.	청구법인의 대표이사가 제출한 연구개발 노트, 자신의 이력서, 자격증, 각종 위촉장 외에는 청구법인의 대표이사 자신만의 노력과 비용 등으로 쟁점 특허권을 취득하였다는 점을 입증할 수 있는 증거자료의 제출이 부족한 점, 청구법인이 쟁점 특허권의 취득과정을 입증하기 위하여 제출한 이사회 의사록, 임시주주총회 의사록 등의 기재내용을 보면, 청구법인의 대표이사가 해외 출국 중인 기간임에도 불구하고 의사록 등에 참석자로 기재되어 있는 등 청구법인이 제출한 관련 서류를 신뢰하기 어려워 보이는 점, 청구법인이 쟁점 특허권을 취득하면서 감정평가 외에 쟁점 특허권에 대한 사업가능성, 수익성 등에 대하여 검토한 과정이 있었음을 찾아보기 어려운 점, 쟁점 특허권이 청구법인의 **대표이사로부터 청구법인으로 이전하는 과정에서 관련 감정평가 비용, 이전 비용 등이 모두 청구법인의 비용으로 지출된 증거자료가 다수 확인된 점** 등에 비추어, 이 건의 경우, 사실상 청구법인의 대표이사 개인의 아이디어 등을 토대로 **청구법인의 대표이사 개인이 아니라 청구법인이 처음부터 쟁점 특허권을 취득한 것으로 보는 것이 합리적이라 할 것이다.**

개인기업에서 법인으로 전환한 기업의 경우 개인기업 운영 당시 대표자 개인 명의로 출원한 특허권을 해당 법인에게 양도한다면, 당해 특허권에 대한 대표이사 개인에게 귀속 문제에 있어서는 벗어날 수 있을 것으로 판단됩니다.

15

자기주식

👉 1 개요

자기주식은 이미 주식회사가 발행한 본인 회사의 주식을 다시 매입하여 보유하고 있는 주식을 말하는 것으로 2011년 4월 14일 개정(2011. 4. 14. 법률 제10600호, 2012. 4. 15. 시행) 전 상법에서 자기주식 취득을 원칙적으로 금지하였지만, 그 후 상법 개정을 통해 자기주식 취득을 허용하면서 각 주주가 가진 주식수에 따라 균등한 조건으로 배당가능이익 범위 내에서 취득하도록 규정하였습니다.

구분	자기주식 취득 요건
주주 평등 원칙	각 주주가 가진 주식수에 따라 균등한 조건으로 취득
취득가액 총액	배당가능이익의 범위 내에서 취득

👉 2 취득 목적에 따른 자기주식 처리

아래와 같이 취득 목적에 따라 취급이 달라지게 되는 것으로, 자기주식을 양도하는 주주의 소득이 양도소득인지 배당소득인지 여부는 그 거래의 실질내용에 따라 판단하는 것입니다.

구분	내용
매매 목적 취득	유상 양도로 보아 양도소득으로 과세
소각 목적 취득	의제 배당으로 보아 배당소득으로 과세

🔒 **참고** | 서면-2017-부동산-1755[부동산납세과-980], 2017. 8. 28.

법인이 주주로부터 자기주식을 매입하여 소각하는 경우 해당 매매의 경위와 목적, 계약체결과 대금결제의 방법 등에 비추어 그 매매가 법인의 주식소각이나 자본감소 절차의 일환으로 이루어진 것인 경우에는 배당소득으로 보는 것이고, 단순한 주식 매매인 경우에는 양도소득으로 보는 것입니다. 이 경우 주식을 양도하는 주주의 소득이 양도소득인지 배당소득인지 여부는 그 거래의 실질내용에 따라 판단하는 것입니다.

① 가지급금 해당 여부

내국법인이 주주에게 우회적인 자금 지원 목적의 자기주식 취득에 대해서는 가지급금에 해당하는 것으로 이에 해당하는지 여부는 상법규정 위반 여부, 자기주식의 취득 목적, 취득 후 주주에게 재매각하는지 등 거래 내용의 제반 사항을 종합적으로 고려하여 사실 판단할 사항입니다.

서면-2017-법인-2457[법인세과-0469], 2018. 2. 27.
서면법규과-168, 2014. 2. 25.

내국법인이 주주에게 우회적으로 자금을 지원할 목적없이 상법(2011. 4. 14. 법률 제10600호로 개정된 것) 제341조에 따라 주주로부터 자기주식을 취득하면서 지급한 금액은 인정이자 계산 대상 가지급금에 해당되지 아니하는 것이며, 귀 서면질의의 경우가 이에 해당하는지는 「상법」 규정 위반 여부, 자기주식의 취득 목적, 취득 후 주주에게 재매각하는지 등 거래 내용의 제반 사항을 종합적으로 고려하여 사실판단하기 바람.

② 합리적인 자기주식 취득 방법

자기주식 취득에 있어 우선적으로 상법상 법률 절차를 준수해서 취득해야 하고, 자기주식 취득목적과 적합하게 실행하며 주주평등권을 준수한다면 세무상 가지급금 등으로 보기에는 어려울 것이며 더불어 자기주식 취득 이후 처분 및 소각 등 출구전략에 대해서도 미리 검토하고 실행해야 보다 안전하게 자기주식을 활용할 수 있을 것입니다.

③ 자기주식 관련 대법원 판례 내용

최근 대법원 판례(대법원 2021. 7. 29. 선고 2017두63337 판결)에서 자기주식 취득과 관련된 납세자 및 과세관청 간 해석상 다툼에 있어 아래와 같이 명확한 기준을 마련해 주었습니다.

구분	내용
자기주식 취득 가능 여부 판단 기준 제시	상법상 배당가능이익 범위 내에서 자기주식을 취득해야 하는 것으로 국세청에서는 자본충실의 원칙에 의거 실질적인 배당재원의 존재 여부를 기준으로 자기주식 취득 가능 여부 판단하였으나, 대법원에서는 장부상 배당가능이익을 기준으로 판단하도록 명확한 기준을 제시함.
상법 규정 위반에 따른 법률행위 인정 기준	회사의 법률행위에 비록 상법상 흠결이 발생하였더라도 그러한 흠결이 회사 이해관계자 권리를 실질적으로 침해했다고 볼 수 없다면 회사의 행위를 무효로 해석하는 것은 무리가 있다고 판결함. * 상법상 형식과 절차를 반드시 지켜야 보다 안전합니다.
주주평등 원칙 적용 기준	주주평등 원칙은 법인이 모든 주주들로부터 지분율만큼 균등하게 자기주식을 취득해야 한다는 뜻이 아니고, 기회만 균등하게 주어지면 된다는 것을 확실하게 제시한 판결임.

🖐️ 사후관리 방법

자기주식은 다음과 같은 방법으로 사후관리하게 됩니다.

구분	내용
소각	자기주식을 소각하면 자기주식 취득가격과 액면가액의 차액에 대하여 의제배당으로 보아 배당소득세가 과세됩니다.
매각	자기주식을 제3자에게 매각하는 방법으로 양도소득세가 과세됩니다.
보유	법인에서 취득한 자기주식을 계속 보유하는 것으로, 이에 대한 세무상 규정은 없는 상태입니다.

현실적으로 비상장법인의 자기주식은 제3자 매각이 어려울 뿐 아니라, 자기주식 소각 시 의제배당으로 과세되기 때문에 불가피하게 해당 법인이 자기주식을 장기간에 걸쳐 계속 보유할 수밖에 없게 되는데, 이 경우 세무상 명확한 규정이 현재로는 없는 상황입니다.

법인 입장에서 자기주식을 취득함으로써 기대되는 수익이 없는데도 불구하고 차입금 이자비용 부담에 따른 손실을 감수하면서 자기주식을 취득한다면 당해 자기주식 취득행위에 대하여 무수익자산 취득인 부당행위계산부인 규정을 적용받을 수 있습니다. 이러한 의미에서 자기주식 취득의 업무 관련성 입증도 중요한 요소에 해당됩니다.

> 🔑 **참고** | 업무무관비용(법인세법 제27조 및 법인세법 시행령 제50조)
>
> ① 비업무용부동산 및 업무무관자산을 취득 · 관리함으로써 생기는 비용, 유지비, 수선비와 이에 관련되는 비용
>
> ② 법인이 직접 사용하지 아니하고 다른 사람(비출자임원, 소액주주임원 및 사용인 제외)이 주로 사용하고 있는 장소 · 건축물 · 물건 등의 유지비 · 관리비 · 사용료와 이와 관련되는 지출금

③ 법인의 주주 등(소액주주 등 제외)이거나 출연자인 임원 또는 그 친족이 사용하고 있는 사택의 유지비·관리비·사용료와 이와 관련되는 지출금

④ 비업무용부동산 및 업무무관자산을 취득하기 위하여 지출한 자금의 차입과 관련되는 비용

① 무수익자산 해당 여부

아래 유권해석은 비록 가업승계에 대한 증여세 과세특례 적용 시 가업에 해당하는 법인이 일시 보유 후 처분할 목적인 자기주식은 사업무관자산에 해당한다는 내용이지만, 이를 토대로 자기주식을 계속적으로 보유할 경우 과세관청에서 무수익자산으로도 볼 수 있기 때문에 주의하기 바랍니다.

> 서면-2015-법령해석재산-1711[법령해석과-3004], 2015. 11. 13.
> 「조세특례제한법」 제30조의6 및 같은 법 시행령 제27조의6 제9항에 따른 가업자산 상당액은 「상속세 및 증여세법 시행령」 제15조 제5항 제2호를 준용하여 계산한 금액을 말하는 것입니다. 이 경우 가업에 해당하는 법인이 일시적으로 보유한 후 처분할 자기주식은 같은 호 마목에 따른 법인의 영업활동과 직접 관련이 없이 보유하고 있는 주식에 해당하는 것입니다.

② 계속 보유에 대한 의제배당 과세 여부

만약 자기주식 취득 이후 매각하지 않고 계속 보유하고 있을 경우 과세관청에서 주식소각 목적의 자본거래에 따른 의제배당으로 보아 배당소득세를 과세할 수 있는지 여부에 대해서는 당해 자기주식 취득이 실질적으로 소각을 통한 자본의 환급을 목적으로 하였다는 사실을 인정할 만한 객관적인 과세근거를 제시하지 못한다면 의제배당으로 과세하기에는 어려울 것으로 판단됩니다(같은 뜻: 조심 2017중4926, 2018. 2. 5.).

③ 출구전략 마련

따라서 자기주식 취득 목적이 명확해야 할 뿐 아니라 그에 따른 출구전략도 사전에 충분하게 검토하고 철저하게 준비해서 합리적인 방법 및 절차에 따라 실행하게 된다면 당해 자기주식 거래로 인한 세무상 리스크를 최소화할 수 있을 것입니다.

최근 대표이사 주식을 그의 배우자에게 증여하고, 이를 다시 법인에게 매각해서 해당 법인이 자기주식을 취득한 이후 이익소각을 통하여 처리하는 방식으로 많은 중소법인에서 세무컨설팅을 진행하였습니다. 그러나 과세관청에서 증여, 양도 및 이익소각 등으로 이루어지는 일련의 거래행위를 부인하고 이를 의제배당으로 과세 처분하였고 이에 납세자가 불복하여 행정소송까지 진행하고 있는데, 이에 대해서는 "17. 배우자 주식 증여 후 이익소각" 편에서 상세하게 다룰 예정입니다.

자기주식 핵심포인트

KEY POINTS

자기주식 취득에 따른 세무상 과세위험을 줄이기 위해서는 상법상 법률 절차 및 주주 평등권을 반드시 준수해야 하고 자기주식 취득 목적에 적합한 방법으로 취득 및 처분 되어야 하며, 사전에 미리 계획된 명확하고 구체적인 출구전략을 통해 자기주식에 대 한 사후관리가 진행되어야 합니다.

16

차등배당(초과배당)

👆 개요

차등배당(또는 초과배당)이라 함은 각각의 주식 보유비율에 따라 동등한 비율로 이익배당을 하지 아니하고 주주 간 배당금 또는 배당률에 차등을 두어 배당하는 것을 말합니다. 상속세 및 증여세법에서는 '초과배당'이라는 용어를 사용하고 있는데, 최대주주 등이 지급받을 배당의 전부 또는 일부를 포기함에 따라 그 최대주주 등의 특수관계인이 보유한 지분에 비해 높은 금액을 받는 것을 말합니다.

통상 중소기업에서 최대주주인 대표이사가 고액의 연봉을 지급받으면서 추가로 배당금을 수령하게 된다면 금융소득종합과세로 인하여 종합소득세 부담이 커지는 반면, 상대적으로 다른 소득이 없는 소액주주인 대표이사의 자녀에게 차등배당을 통하여 배당금을 지급하게 된다면 세금 부담을 줄이면서 법인의 잉여금을 인출할 수 있던 방법이었습니다.

② 상법상 차등배당에 대한 취급

현행 상법은 그 어떤 명문의 규정으로도 차등배당을 허용한다고 명시한 규정은 없습니다. 상법 제464조에서 주주평등의 원칙을 언급하면서 이익배당에 관하여 내용이 다른 종류의 주식, 즉 종류주식 이외에는 균등한 비율로 이익배당을 해야 함을 명시하고 있습니다.

그러나 대법원 판례(대법원 1980. 8. 26. 선고 80다1263 판결)를 통하여 차등배당이 상법상 허용되는 것으로 판시하면서 이를 토대로 소액주주의 이익을 위하여 대주주 등이 자발적으로 배당을 포기한 것이므로, 상법상 주주평등의 원칙에 위배되지 않는 것으로 인식되고 있습니다.

③ 초과배당에 대한 세무상 취급

① 초과배당 관련 유권해석(상증법 제41조의2 규정 2015. 12. 15. 신설 이전)

과세관청에서는 당초 불균등 초과배당에 대하여 균등한 조건에 의하여 지급받을 배당금을 초과하는 금액은 소득세 과세 여부와 상관없이 증여세를 부과하는 입장(서면4팀-2428, 2005. 12. 5.)을 취하였으나, 2011. 10. 31. 기획재정부 유권 해석(재산세제과-927)에서 초과배당 금액을 소득세법상 배당소득으로 보아 소득세가 과세되는 경우에는 증여세를 과세하지 않는 것으로 해석함에 따라 기존 입장과는 상반된 견해를 표명하였습니다.

② 상증법 제41조의2 규정 신설(2016. 1. 1.부터 적용)

2016년 1월 1일 이후부터 법인의 최대주주 본인이 지급받을 배당 금액의 전부 또는 일부를 포기하거나 불균등한 조건으로 배당 등을 받음에 따라 그 최대주주 등의 특수관계인이 본인이 보유한 주식 등에 비하여 높은 금액의 배당을 받은 경우에는 당해 초과배당금액을 그 최대주주 등의 특수관계인의 증여재산가액으로 하여 증여세를 부과하되, 초과배당금액에 대한 증여세액이 초과배당 금액에 대한 소득세 상당액보다 적은 경우 이를 적용하지 않는 것으로 규정하여 당해 초과배당액에 대한 소득세와 증여세 중 큰 금액을 과세하도록 규정되었습니다.

이에 따라 일정 금액 이하의 초과배당에 대하여는 증여세가 과세되지 않는 결과가 발생됨에 따라 증여세가 과세되지 않는 금액까지 자녀에게 초과배당을 실시하는 방법으로 현장에서 많이 활용하였습니다.

③ 2021년 개정 적용되는 상증법 제41조의2 규정

2021년 1월 1일 이후 초과배당금액에 대한 소득세가 과세되고, 초과배당금액 에서 소득세액을 뺀 금액에 대해 증여세가 다시 과세되는 방식으로 초과배당에 대한 과세가 강화되었습니다.

개정 전(2020. 12. 31. 이전 배당)	개정 후(2021. 1. 1. 이후 배당)
"①"과 "②" 중 큰 금액	"①"과 "②" 모두 과세
① 초과배당에 대한 소득세 ② 초과배당에 대한 증여세	① 초과배당에 대한 소득세 ② (초과배당-소득세액)에 대한 증여세

이러한 개정 내용에 따라 초과배당의 절세 효과가 줄어든 것은 사실이지만 배우자와 자녀에게 자금출처를 명확하게 만들어 줄 수 있다는 것, 이익잉여금 환원을 통한 비상장주식 가치관리가 가능하다는 것을 고려할 때 아직 활용도가 있다는 견해도 있으니 참고하기 바랍니다.

4 초과배당에 대한 증여세 과세 방법

초과배당에 따른 이익에 대한 증여세 신고 및 납부 방법은 초과배당을 지급받은 시점에 증여세액을 가계산하여 법정신고기한(증여일이 속하는 달의 말일부터 3개월) 이내에 1차적으로 신고 및 납부하고, 이듬해 5월 또는 6월 종합소득세 확정신고 시의 실제 소득세액을 반영하여 증여세액을 다시 2차로 정산(환급 또는 차액을 납부)하는 방식으로 과세됩니다.

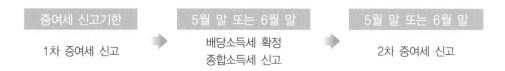

증여세 신고기한	5월 말 또는 6월 말	5월 말 또는 6월 말
1차 증여세 신고	배당소득세 확정 종합소득세 신고	2차 증여세 신고

① 초과배당에 대한 증여세 1차 신고

초과배당을 지급받은 시점에서 소득세가 확정되지 않은 경우 소득세 상당액을 가계산해 초과배당에 따른 증여재산가액에 대한 증여세 상당액을 계산하여 상증법 제68조 제1항에 따른 법정신고기한까지 1차적으로 신고 및 납부해야 합니다.

구분	내용
초과배당에 따른 증여재산가액	초과배당금액(특정주주의 과대배당금액×특정주주와 특수관계가 있는 최대주주 등의 과소배당금액÷과소배당 받은 주주 전체의 과소배당금액)에서 해당 초과배당금액에 대한 소득세 상당액을 공제한 금액을 증여재산가액으로 한다(상증법 §41의2 ①).
초과배당금액에 대한 소득세 상당액	① 초과배당금액에 대한 증여세 과세표준 신고기한이 해당 초과배당금액이 발생한 연도의 다음 연도 5월 31일(성실신고확인대상사업자 6월 30일)이 지나서 도래하는 경우에는 초과배당금액에 대하여 기획재정부령이 정하는 바에 따라 계산한 실제 소득세액 ② 그 밖의 경우에는 초과배당금액에 대하여 해당 초과배당금액의 규모와 소득세율 등을 감안하여 기획재정부령으로 정하는 율을 곱한 금액

○ 상속세 및 증여세법 제41조의2 제1항 초과배당금액에 대한 소득세 상당액

초과배당금액	소득세 상당액
5,220만 원 이하	초과배당금액×14%
5,220만 원 초과 8,800만 원 이하	731만 원 +(5,220만 원을 초과하는 초과배당금액×24%)
8,800만 원 초과 1억 5천만 원 이하	1,590만 원 +(8,800만 원을 초과하는 초과배당금액×35%)
1억 5천만 원 초과 3억 원 이하	3,760만 원 +(1억 5천만 원을 초과하는 초과배당금액×38%)
3억 원 초과 5억 원 이하	9,460만 원 +(3억 원을 초과하는 초과배당금액×40%)
5억 원 초과 10억 원 이하	1억 7,460만 원 +(5억 원을 초과하는 초과배당금액×42%)
10억 원 초과	3억 8,460만 원 +(10억 원을 초과하는 초과배당금액×45%)

② 배당소득세액 확정을 위한 종합소득세 신고

수령한 배당금이 2천만 원을 초과해 초과배당금액이 종합합산 과세되는 경우 초과배당이 발생한 연도의 다음 연도 5월에 종합소득세 신고하면서 실제 소득세액이 확정됩니다. 만약 배당소득이 2천만 원 이하로 초과배당금액이 분리과세된다면 해당 세액을 실제 소득세액으로 합니다.

③ 확정된 배당소득세액에 따라 증여세 2차 정산 신고

초과배당에 대한 소득세가 확정되면 실제 소득세액을 반영한 정산증여재산가액을 기준으로 증여세를 신고합니다. 증여세를 정산해 최초 신고한 증여세액과 비교해 정산금액을 납부하거나 환급받게 됩니다. 정산증여재산가액의 증여세 신고기한은 초과배당이 발생한 연도의 다음 연도 5월 31일(성실신고확인대상자는 6월 30일)입니다.

정산증여재산가액에 대한 증여세 정산은 "① 초과배당금액에 대한 실제 소득세액을 반영한 정산증여재산가액을 기준으로 계산한 증여세액"에서 초과배당을 받은 시점을 기준으로 가계산한 "② 상증법 제41조의2 제1항의 증여재산가액을 기준으로 계산한 증여세액"을 뺀 금액으로 합니다. 다만, "②"의 증여세액이 "①"의 증여세액을 초과하는 경우에는 그 초과되는 금액을 환급받을 수 있습니다.

결국, 2021년부터 초과배당금액에 대하여는 소득세와 증여세가 모두 과세되고 또한 증여세 신고도 2번에 걸쳐 해야함에 유의해야 합니다.

초과배당 핵심포인트   KEY POINTS

소득세 및 증여세 모두 과세로 초과배당에 대한 절세효과가 줄어들었지만, 배당 이외에 다른 소득이 없는 배우자 및 자녀 주주들에게 약 5천만 원 수준의 초과배당을 실시하게 된다면 소득세 및 증여세를 합한 약 25% 내외의 세금을 부담하면서 이들에게 자금원을 만들어 줄 수 있고 이익잉여금 처분에 따른 주식가치 절감 전략 측면에서 활용도가 있는 방법입니다.

17

배우자 주식증여 후 이익소각

 개요

최근 법인세무컨설팅 분야에서 가장 관심을 받고 있는 주제로 중소기업 가지급금 해결방안 및 미처분 이익잉여금을 절감시키는 전략으로 많이 활용된 방법입니다. 먼저 비상장주식 평가를 토대로 대표이사 본인 소유 주식을 증여세 공제 한도인 6억 원까지 배우자에게 증여한 이후 당해 주식을 증여받은 배우자가 다시 해당 주식을 법인에게 매각하고 법인에서는 취득한 자기주식을 이익잉여금으로 소각하는 방법을 말합니다.

증여 前	배우자에게 주식증여	주식매각(자기주식 취득)
설립 당시 주식수 20,000주 액면가액 5천 원 자본금 1억 원 대표자 지분 100%	증여 주식수 6,000주 (30% 지분) 주당 10만 원 증여가액 6억 원 **"증여세 X"**	배우자 주식매각 (법인 자기주식 취득) 매매가액 주당 10만 원 **"양도차익 X"**
주식평가시점 주당평가액 10만 원	증여시점 취득가액 주당 10만 원	자기주식 취득가액 주당 10만 원

⇒ 자기주식 취득 이후 이익소각 진행(자기주식 이익잉여금과 상계 소각처리)

상기와 같이 배우자 주식증여, 주식매각 및 자기주식 취득 그리고 이익소각까지 일련의 절차 진행과정상 증여세 및 양도소득세 부담 없이 대표이사의 배우자는 법인으로부터 6억 원 상당의 금전을 확보할 수 있게 됩니다. 이와 같은 이유로 많은 중소기업들이 배우자 주식증여 및 이익소각컨설팅을 진행하게 되었습니다.

....

* 비상장법인의 주식을 소각 목적으로 해당 법인에게 매도하여 소각하는 경우 결국에는 자본거래에 해당하여 양도소득세가 과세되지 않습니다. 대신 소각대가와 취득가액의 차액에 대하여 의제배당에 해당하여 소득세가 과세되는데, 이 경우에도 소각대가와 취득가액이 동일한 경우 소득세 부담은 없게 됩니다.

여기서 주의할 점은 양도일부터 소급하여 10년 이내에 배우자로부터 증여받은 토지, 건물 등에 대한 양도차익 계산 시 취득가액은 증여자의 당초 취득가액으로 하도록 규정하고 있는 반면, 주식은 이러한 양도소득세 이월과세 규정이 아직까지는 없습니다. 하지만 2025년부터 배우자로부터 증여받은 주식에 대해서도 양도일부터 소급하여 1년 이내인 경우 당초 증여자의 취득가액을 적용하여 양도차익을 계산하도록 변경*되었으니 주의하기 바랍니다.

* 당해 주식 이월과세 규정은 금융투자소득세 시행과 함께 적용될 예정이나, 현 정부에서는 금융투자소득세 폐지를 공식화 하고 있어 추후 진행상황을 확인할 필요가 있습니다.

🖐️ 과세관청 – 배우자 증여 및 이익소각 부인 사례

최근 2~3년 전부터 유행처럼 많은 컨설팅 업체에서 중소법인을 대상으로 배우자 주식증여 및 이익소각컨설팅을 진행하였으나, 국세청에서는 배우자 주식증여 및 이익소각에 대하여 수증자인 배우자가 얻은 소득이 다시 대표이사(증여자)에게 전달된 경우 이를 부인하였고, 더불어 이익소각을 목적으로 한 증여 자체에 대해서도 대법원 판결상에서 언급된 실질과세원칙*을 근거로 증여 행위를 인정하지 않고 당초 대표자가 회사에 양도하는 것으로 보아 소득세를 과세 처분하게 되었습니다.

* 조세심판례(조심 2022중6563, 2022. 12. 20., 조심 2022부2338, 2022. 12. 5., 조심 2022중2341, 2022. 5. 23. 등 다수)에서 아래와 같이 대법원 판례를 인용하면서 실질과세원칙에 의해 증여 행위를 인정하지 않는 것으로 판단하고 있습니다.

「국세기본법」 제14조 제3항은 "제3자를 통한 간접적인 방법이나 둘 이상의 행위 또는 거래를 거치는 방법으로 이 법 또는 세법의 혜택을 부당하게 받기 위한 것으로 인정되는 경우에는 그 경제적 실질 내용에 따라 당사자가 직접 거래를 한 것으로 보거나 연속된 하나의 행위 또는 거래를 한 것으로 보아 이 법 또는 세법을 적용한다"고 규정하고 있습니다.

납세의무자는 경제활동을 함에 있어서 동일한 경제적 목적을 달성하기 위하여 여러 가지 법률관계 중 하나를 선택할 수 있으므로 납세의무자가 조세의 부담을 줄이기 위하여 경제적으로 하나의 거래임에도 형식적으로 중간 거래를 개입시켰다는 이유만으로는 납세의무자가 선택한 거래형식을 함부로 부인할 수 없으나, 가장행위에 해당한다고 볼 수 있는 특별한 사정이 있을 때에는 과세상 의미를 갖지 않는 그 가장행위를 제외하고 그 뒤에 숨어 있는 실질에 따라 과세할 수 있습니다(대법원 2014. 1. 23. 선고 2013두17343 판결, 같은 뜻임).

이와 같이 국세청에서 증여 및 매각 행위를 인정하지 않고 과세권을 행사함에 따라 대표이사 보유 주식을 배우자에게 증여한 후 곧바로 이익소각 절차를 진행하지 않고 증여일이 속하는 다음 사업연도 이후 매각 등의 절차를 진행하거나 배우자에게 주주 배당금을 지급하고, 주주총회에서 의결권을 행사하는 등 주식을 증여받은 배우자가 주주로서 권리행사를 한 이후 매각 및 이익소각을 진행하는 방법으로 보완해 나가고 있습니다.

3 조세심판원 판결 사례

아래와 같이 배우자 주식증여 및 이익소각 건에 대하여 국세청에서 과세 처분하였고 납세의무자들은 불복하여 심판청구를 제기하였으나, 다수 조세심판 청구 건에서 청구인의 주장을 인용하지 않고 기각 처분을 하게 됩니다.

당해 법인의 대표이사가 배우자 주식증여, 주식 매각 및 이익소각 행위에 대하여 일정 계획하에서 의사 결정 및 통제 가능한 위치에 있는 점, 결과적으로 의제배당의 종합소득세가 경감되었다는 점, 의제배당에 따른 종합소득세를 회피하기 위한 목적 외에 다른 합리적인 거래의 경제적 이유를 찾기 어려운 점, 일련의 거래행위가 통상 2~3개월 정도 짧은 기간 내에 이루어진 점 그리고 당해 주식 양도대금이 다시 해당 법인에 대한 가지급금 상환에 사용된 점 등을 비추어 볼 때 배우자 주식증여 및 법인매각, 이익소각이라는 일련의 행위를 부인하면서 그 실질은 우회적으로 법인으로부터 이익배당을 받았다고 다수 심판례에서 판결하고 있습니다.

○ 배우자 주식증여 및 이익소각에 대한 최근 조세심판원 판결 사례

구분	내용
조심 2022부6516, 2022. 11. 2.	청구인들은 각자 쟁점법인의 이사이자 유일한 주주였으므로, 일련의 거래과정에서 자신들이 세운 일정한 계획하에 쟁점법인의 발행주식과 관련 모든 거래를 실질적으로 결정·통제할 수 있는 위치에 있었던 것으로 보이고, 쟁점주식 양도대금은 쟁점법인에 대한 가지급금 상환, 부동산 취득 및 자금 확보 등에 제공되어 모두 청구인들이 사용·수익한 것으로 나타나는 점 등에 비추어 처분청이 청구인들이 쟁점법인과 쟁점주식을 직접 거래한 것으로 보아 종합소득세를 부과한 이 건 처분들은 달리 잘못이 없다고 판단됨.
조심 2022중6563, 2022. 12. 20.	청구법인의 대표이사는 회사 지분 대부분을 보유하고 있어 일정 계획하에 쟁점거래의 구조를 조정하거나 통제하는 의사결정권한을 가지고 있으며, 실제 쟁점거래가 비교적 짧은 기간 내에 이루어진 점, 청구법인의 대표이사는 쟁점거래의 결과로 인하여 의제배당에 따른 종합소득세를 경감하였다고 볼 수 있는 점, 쟁점거래에 있어서 의제배당에 따른 종합소득세를 회피하기 위한 목적 외에 다른 합리적인 거래의 경제적 이유를 찾기 어려운 점 등에 비추어 쟁점거래는 배우자 증여재산공제 제도를 활용하여 청구법인의 대표이사가 청구법인으로부터 배당소득 등으로 신고·납부해야 할 조세를 회피한 결과만 있어 조세회피의 목적이 인정된다 하겠음(조심 2022중2341, 2022. 5. 23. 등 다수 같은 뜻).
조심 2022중1486, 2022. 12. 29.	청구인들과 수증인들은 부부관계에 있을 뿐만 아니라, 이 건 법인의 대표이사인 청구인과 이 건 법인의 감사인 그리고 그들의 각 특수관계인들인 수증인들이 이 건 법인의 지분을 보유하고 있어서 다른 주주를 고려하지 않고 일정한 계획하에 쟁점거래의 구조를 조정하거나 통제하는 등 주식매입·소각과 같은 결정을 할 권한을 가지고 있다고 볼 수 있고, 실제 쟁점거래가 비교적 짧은 기간 내에 이루어진 점, 이 건 법인의 대표이사 청구인이 컨설팅을 받은 내용에 따라 청구인들은 상증상의 배우자 증여재산공제 한도 내에서 청구인들이 소유한 쟁점주식을 청구인들의 각 배우자에게 증여하였고, 쟁점주식을 증여받은 수증인들은 이 건 법인에게 쟁점주식을 양도하면서 양도차익을 ○○○원으로 하여 별도의 양도소득세를 납부하지 아니하는 등 청구인들과 그의 배우자인 수증인들이 쟁점거래로 인하여 조세를 부담하지 아니하였음에도 불구하고, 이 건 법인의 주주였던 청구인들이 쟁점주식 양도대금을 사용하는 등 쟁점거래의 결과로 인하여 의제배당에 따른 종합소득세를 경감하였다고 볼 수 있는 점, 청구인들과 그들의 배우자인 수증인들 그리고 이 건 법인 사이에 이루어진 쟁점거래에 있어서 의제배당에 따른 종합소득세를 회피하기 위한 목적 외에 다른 합리적인 거래의 경제적 이유를 찾기 어려운 점 등에 비추어 쟁점거래는 배우자 증여재산공제 제도를 활용하여 청구인들이 이 건 법인으로부터 배당소득 등으로 신고·납부해야 할 조세를 회피한 결과만 있어 조세회피의 목적이 인정된다 하겠다.

4️⃣ 향후 대응방안

앞으로 배우자 주식증여 및 이익소각을 실행하는 일련의 과정에서 상법 등 관계법령에 근거한 규정을 준수하면서 진행되어야 할 뿐 아니라 단순 조세회피 목적이 아닌 합리적인 사유를 기반으로 일련의 행위가 이루어졌다고 하는 명분도 중요하며, 더불어 주식증여 및 이익소각 절차상 여러 단계 보완장치도 마련해야 하기 때문에 반드시 경험이 풍부한 세무전문가와 충분히 상의해서 진행해야 합니다. 추가로 조세심판원 기각결정 이후 현재 행정소송 진행 건들이 다수 있기 때문에 소송 결과를 확인해 볼 필요도 있습니다.

① 이익소각 전 배우자가 배당을 받아 이에 대한 배당소득세를 발생시킨다.
② 이익소각 전 배우자가 주주권을 행사하여 이에 대한 기록을 주주총회 의사록에 남겨 놓는다.
③ 이익소각 진행 시 배우자 이외에 다른 주주도 이익소각에 참여한다.
④ 이익소각 진행 시 배우자가 증여받은 주식의 일부만 소각한다.
⑤ 배우자가 수령한 주식매각대금을 해당 대표자에게 반환 지급하지 않는다.

5️⃣ 유상감자 방식

유상감자란 기업이 자본감소를 하게 되면서 자본을 감소시킨 만큼 생긴 돈을 주주들에게 지분 비율에 따라 지급하는 것을 말하는 것으로, 급여, 배당, 퇴직금 이외에 새로운 법인자산을 개인화할 수 있는 방법으로 인식되면서 일부 중소기업에서 실행까지 진행하였으나 아래 두 가지 제약 요인으로 인해 유상감자 방식은 점차 활용도가 떨어지게 되었습니다.

구분	제약 요인
절차상 복잡	유상감자를 진행하는 과정에서 자본금 감소로 인한 주주총회특별결의 및 채권자 보호절차 등이 필요함에 따라 절차상으로 복잡한 방법입니다.
자본금 요건	건설업 및 금융업과 같이 면허등록 기준상 최소 자본금 요건이 있는 업종에서는 실행에 제약이 있는 방법입니다.

반면, 이익소각 방식은 자본금 변동없이 상대적으로 진행과정이 간편할 뿐 아니라 업종 제한 없이 적용이 가능한 방법에 해당되어 유상감자 방식보다 선호하는 방식에 해당됩니다.

배우자 주식증여 및 이익소각 핵심포인트

배우자 주식증여 및 이익소각 관련 조세심판원 기각결정 이후 현재 행정소송 진행 건들이 다수 있기 때문에 이에 대한 소송 결과를 확인하면서 보수적인 접근이 필요할 것이며, 배우자 주식증여 및 이익소각 방법을 부득이하게 실행할 수밖에 없는 상황이라면 경험이 풍부한 세무전문가와 협의하면서 반드시 관계법령상 절차를 준수하고 조세회피목적이 아닌 합리적인 사유 및 거래단계별 안전장치 등을 마련하면서 진행해야 합니다.

 **심층분석** **배우자 주식증여 및 이익소각 주요 1심 판결 내용**

배우자 주식증여 및 이익소각에 대해서는 1심 판결 내용을 토대로 아래와 같은 3가지 유형으로 구분할 수 있습니다.

구분	내용	1심 결과
유형 1	주식증여 → 양도 → 이익소각 → 양도대금 대여 또는 증여	국승
유형 2	주식교차증여 → 양도 → 이익소각 → 양도대금 독자적 지출×	국승
유형 3	주식증여 → 양도 → 이익소각	국패

○ **[유형 1] 주식증여 → 양도 → 이익소각 → 양도대금 대여 또는 증여**

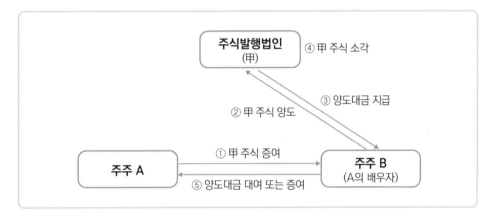

(1) 거래실질 판단

[유형 1]의 경우 아래와 같은 이유로 거래 실질*을 증여자가 주식을 법인에게 양도하고, 이익소각을 통하여 이익잉여금을 배당받은 것과 동일한 거래로 보게 됩니다.

① 증여자가 소각대금 전부 또는 일부를 지급받아, 자신의 가지급금 상환 등으로 사용함으로써 거래로 인한 이득은 결국 증여자에게 귀속되었음.

② 수증자가 거래에 관여하거나 개입하여야 할 경제적 동기나 그로부터 얻은 이익이 없음.

③ 증여자는 주식 대부분 보유하고 있어, 일정한 계획하에서 일련의 거래 구조를 조성하거나 통제할 수 있는 위치에 있음.

* 국세기본법 제14조 제3항에 따라 당사자가 거친 여러 단계의 거래 등 법적 형식이나 법률관계를 재구성하여 직접적인 하나의 거래를 한 것으로 보아 과세처분을 하기 위해서는, 납세의무자가 선택한 거래의 법적 형식이나 과정이 처음부터 조세회피 목적을 이루기 위한 수단에 불과하여 그 경제적 실질 내용이 직접적인 하나의 거래를 한 것과 동일하게 평가될 수 있어야 하고, 이는 당사자가 그와 같은 거래형식을 취한 목적, 제3자를 개입시키거나 단계별 거래 과정을 거친 경위, 그와 같은 거래 방식을 취한 데에 조세 부담의 경감 외에 사업상 필요 등 다른 합리적 이유가 있는지 여부, 각각의 거래 또는 행위 사이의 시간적 간격, 그러한 거래형식을 취한데 따른 손실 및 위험부담 가능성 등 관련 사정을 종합하여 판단하여야 한다(대법원 2017. 2. 15. 선고 2015두46963 판결 등 참조).

(2) 판단에 대한 근거

[유형 1]에 대하여 법원에서는 아래와 같은 근거를 토대로 거래 실질을 판단하였습니다.

납세의무자가 동일한 경제적 목적을 달성하기 위하여 여러 가지 거래형식이나 법률관계 중 하나를 선택할 수 있으므로, 과세관청으로서는 특별한 사정이 없는 한 그러한 법률관계를 존중하여야 하고, 조세 부담 경감이라는 결과가 발생하였다는 사정만으로 납세의무자가 선택한 거래형식을 함부로 부인해서는 안 된다. 그러나 앞서 본 법리에 비추어 볼 때 납세의무자가 그와 같은 선택의 자유를 남용하여 조세 부담을 회피할 목적으로 과세요건사실에 관하여 실질과 괴리되는 비합리적인 형식이나 외관을 취한 경우라면, 과세관청으로서는 국세기본법 제14조가 규정하고 있는 실질과세 원칙에 따라 그 형식이나 외관이 아니라 그 뒤에 숨어 있는 실질에 따라 과세할 수 있다고 판단된다(부산지방법원 2023구합20806, 2023. 7. 21. 외 다수).

(3) 주요 판결 사례

〈창원지방법원 2021구합51605, 2022. 2. 10.〉

주식증여 → 양도 → 이익소각 → 양도대금 대여 및 법인 가지급금 상환

앞서 본 인정사실과 변론 전체의 취지에 의하여 인정되는 거래당사자들과 그 배후의 관계, 원고가 체결한 기업컨설팅계약과 그에 따라 수립된 일정 내용, 이 사건 주식 양도대금에 대하여 체결된 금전소비대차계약과 그 대금의 사용처, 일련의 거래가 이루어진 기간, 수증인들이 제1, 2차 거래에 대하여 관여한 정도나 제1, 2차 거래에 개입하여야 할 경제적 동기나 그로부터 얻은 이익이 없는 점 등에 비추어 볼 때, 이CC은 제1, 2차 거래를 통하여 실질적으로 이 사건 주식을 원고에 양도하고 원고로부터 출자금을 회수하는 거래를 하는 것임에도 이CC이 원고에 이 사건 주식을 직접 양도할 경우 의제배당에 따른 통상의 소득세율이 적용되는 것을 회피하기 위하여 형식적으로 중간에 수증인들을 개재시킨 것으로 보아야 하고, 이러한 경우에는 과세상 의미를 가지지 않는 가장행위를 제외하여 그 뒤에 숨어 있는 거래의 실질에 따라 과세하여야 할 것이다. 따라서 피고가 이 사건 주식의 양도가액은 실질적으로 원고의 자본감소를 통한 이익배당금에 해당한다고 보아 소득세법상 의제배당소득을 계산하여 원고에게 배당소득세를 부과한 이 사건 처분은 적법하다.

〈부산지방법원 2023구합20806, 2023. 7. 21.〉

주식증여 → 양도 → 이익소각 → 양도대금 대여 및 법인 가지급금 상환

이 사건 법인에 대한 가지급금 상환 등을 위하여 사전에 세무사의 자문을 받고 의제배당소득세를 부담하지 않을 목적으로 배우자 공제(6억 원) 상당액에 해당하는 주식을 배우자에게 증여한 후 이 사건 법인이 증여재산가액과 동일한 가액으로 매수하여 소각하는 방법을 통하여 의제배당소득이 전혀 발생하지 않는 것처럼 가장거래를 한 후 이 사건 주식 양도대금을 배우자로부터 차용하는 형식으로 이전받은 것으로 판단된다.

… 중략 …

이 사건 법인은 원고로부터 자기주식을 취득하는 것과 DDD으로부터 자기주식을 취득하는 것이 아무런 차이가 없음에도 DDD으로부터 자기주식을 취득하였다. 당시 원고로서는 이 사건 법인이 자기주식을 취득하려고 하는 사실을 알고 있었고, 원고 스스로도 상당한 자금이 필요한 상황이었으므로 주식을 양도하여 자금을 확보할 수 있었음에도 이 사건 법인에 주식양도신청서를 제출하지 않았다.

원고는 DDD이 이 사건 주식 양도대금을 이 사건 법인으로부터 지급받은 날인 2018. 5. 31. 다음 날인 2018. 6. 1.에 곧바로 4억 5,000만 원을 수표로 출금하여 사용하는 등 위 양도대금을 2018. 6. 1.경까지 대부분 사용하였다. 그럼에도 이 사건 금전소비대차계약서는 이로부터 약 2개월이 경과한 시점인 2018. 7. 31.경 작성되었다.

〈인천지방법원 2022구합58883, 2023. 8. 10.〉

주식증여 → 양도 → 이익소각 → 양도대금 증여, 법인 가지급금 및 개인 대출금 상환

이 사건 법인의 대표이사이자 주주인 원고는 이 사건 일련의 거래를 통해 받은 000,000,000원을 이 사건 법인에 대한 가지급금 채무 상환과 개인 부동산담보대출 채무의 일부 상환에 사용한바, 원고가 당초 이 사건 주식을 EEE에게 증여하였던 표면적인 목적과는 달리 이 사건 주식의 소각 등으로 인한 이득은 결국 원고에게 귀속되었다.

… 중략 …

원고는, 배우자 증여재산공제 제도를 이용하여 배우자에게 주식을 증여하여 취득가액을 높인 후 발행 법인이 이를 취득하여 소각하는 거래가, 절세를 위한 통상적인 거래로서 세법이 금지하는 방법이라고 볼 수 없다는 취지로 주장한다. 그러나 위와 같은 통상의 거래는 그 소득의 실질을 배우자에게 귀속하고자 하는 것일 때 배우자 증여재산공제 제도의 취지에 반하지 않으나, 이 사건 일련의 거래는 배우자에게 증여하였던 주식의 대금 상당을 원고가 곧바로 배우자로부터 증여받음으로써, 증여에 따른 이득의 실질이 결국 원고 자신에게 귀속되는 것이어서, 배우자에게 자신이 기여한 이득을 환원하고자 하는 배우자 증여재산공제 제도의 취지에 부합하지 않고, 자신이 직접 발행법인에게 주식을 양도하여 소각하는 경제적 효과를 달성하면서도 의제배당에 따른 종합소득세 납부 의무를 회피하고자 하는 의도가 아니라면, 위와 같은 자전거래(원고와 배우자 EEE 사이의 증여와 재증여)를 선택할 이유가 없어, 이를 통상적으로 일어나는 거래의 하나라고 치부할 수 없다.

〈부산지방법원 2023구합20578, 2023. 8. 18.〉

주식증여 → 양도 → 이익소각 → 양도대금 대여, 법인 가지급금 및 개인 용도 사용

① 이 사건 증여의 상대방이 원고와 특수관계에 있는 배우자인 BBB인 점, 이 사건 증여로 BBB가 취득한 이 사건 주식을 상증세법령에 따라 평가한 금액이 XXX,XXX,XXX원인데 이 사건 법인이 이 사건 주식을 양수한 금액도 이와 동일한 금액인 점, 이 사건 주식 양도와 주식소각 과정에서 양도소득이나 배당소득이 발생하지 않도록 하였고 의제배당에 따른 통상의 소득세율이 적용되는 것을 회피한 점, 원고가 BBB로부터 이 사건 양도대금 전액을 지급받아 그중 X억 XXX만 원은 이 사건 법인에 대한 가지급금 상환에 사용하였고 나머지 돈도 개인적인 용도로 사용한 점 등을 더하여 보면, 원고는 이 사건 법인에 대한 가지급금 상환 등을 위하여 의제배당 소득세를 부담하지 않을 목적

으로 배우자 공제(6억 원) 상당액에 해당하는 주식을 배우자에게 증여한 후 이 사건 법인이 증여재산가액과 동일한 가액으로 매수하여 소각하는 방법을 통하여 의제배당소득이 전혀 발생하지 않는 것처럼 가장거래를 한 후 이 사건 주식 양도대금을 배우자로부터 차용하는 형식으로 이전받은 것으로 판단된다.

〈울산지방법원 2022구합570, 2023. 9. 7.〉

교차 주식증여 → 배우자 주식 양도 → 이익소각 → 양도대금 지급, 법인 가지급금 상환

구분	당초 소유	1차 증여	2차 증여	법인 매각	이익소각
원고(대표이사)	3,500주	5,000주	2,440주		
배우자	1,500주	–	2,560주	2,560주	2,560주

이 사건 일련의 거래로 인하여 발생한 이득은 모두 원고의 가지급금 상환에 사용됨으로써 종국적으로 원고에게 귀속되었다. 원고와 조BB는 제1, 2차 증여를 통해 취득한 재산을 새로운 자금을 조달하거나 이를 외부인과의 거래에서 활용한 바 없을 뿐 아니라, 원고 및 조BB의 조세 부담 경감 외에 이 사건 일련의 거래를 통하여 이 사건 회사의 부채비율 감소 또는 사업상 필요 등이 충족된 바도 없다. 따라서 이 사건 일련의 거래를 구성하는 개별 거래들에 관하여 각각 독립한 경제적 목적과 실질이 존재한다거나, 다른 합리적인 거래의 경제적 이유가 있다고 보기 어렵다.

… 중략 …

또한, 원고가 주장하는 증여 사유와 관련하여 보건대, 조BB의 보유 주식수는 제2차 증여를 통해 제1차 증여 이전보다 훨씬 더 많아지게 되었는바, 이는 원고가 주장하는 '과점주주 지위의 해소'라는 제1차 증여의 취지에 명백히 반하는 점, 제2차 증여의 증여재산가액은 599,324,160원으로 조BB가 원고에 대하여 부담한다는 채무액 400,000,000원을 훨씬 초과하는 점, 한편 조BB의 원고에 대한 채무액이 합계 400,000,000원임을 뒷받침하는 객관적 자료가 전혀 없고(갑 제8호증의 기재와도 부합하지 않는다), 주택매입 시기 및 원고의 대위변제 시기에 비추어 굳이 제2차 증여를 통하여 채무 변제가 필요하였는지 의문일 뿐 아니라, 조BB는 제1차 증여로 취득한 돈으로 원고에 대한 채무를 일부라도 상환한 바 없는 점, 조BB는 이 사건 양도로 취득한 돈 중 400,000,000원(원고에 대한 채무를 상환한 것이라고 주장하는 금액)을 제외한 나머지 199,324,150원은 증여한 것이라고 주장하나, ○○지방국세청의 조사 과정에서는 위 돈을 원고에게 내어준 것이라는 취지의 금전소비대차계약서를 제출하여 그 주장이 일관되지 않은 점 등에 비추어 제1, 2차 증여에 합리적인 이유가 있었음을 납득하기 어렵다.

○ **[유형 2] 주식교차증여 → 양도 → 이익소각 → 양도대금 독자적 지출 ×**

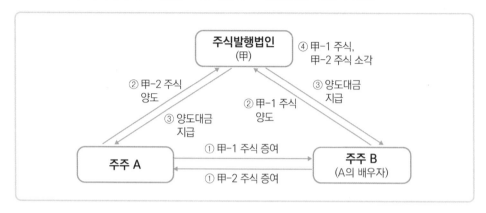

(1) 거래실질 판단

[유형 2]의 경우 부부간 교차증여 및 주식양도를 통하여 취득한 자금을 각자 독립적인 실질에 따라 독자적으로 지출한 것이 아니고 공동 소비하거나 당해 법인 가지급금 상환된 점 등에 비추어 볼 때 법인 대표이사 및 그의 배우자가 당초 보유하던 주식을 법인에 직접 양도하고 이익소각을 통하여 이익잉여금을 배당받는 것과 동일한 거래, 행위로 보게 됩니다.

(2) 판단에 대한 근거

[유형 2]에 대하여 법원에서는 아래와 같은 근거를 토대로 거래 실질을 판단하였습니다.

국세기본법 제14조 제3항의 실질과세는 당사자가 거친 여러 단계 거래의 법적 형식, 법률관계 구성, 법적 효력 등을 실질 관계에 맞게 재구성하여 직접적인 하나의 거래를 한 것으로 보고 과세처분을 하는 것이므로, 그 과정에서 당사자가 외관을 형성시키기 위하여 거쳤던 법적 형식 내지 법률관계의 구성이 상법 등 강행규정 내지 효력규정에 반한다는 정황은 오히려 과세관청의 실질과세를 정당화하는 근거에 해당될 뿐이다. 즉, 원고들의 주장 중 원고들이 이 사건 교차증여, 양도, 주식소각을 함에 있어 주식회사의 자기주식의 취득, 소각에 관한 상법상의 절차 규정조차 제대로 거치지 않았다는 부분은, 이 사건 교차증여와 양도에 각각 독립적인 경제적 실질이 존재한다는 취지의 원고들의 주장을 뒷받침하는 것이 아니라 오히려 이 사건 교차증여와 양도가 조세회피 목적을 이루기 위한 수단에 불과하고 그 경제적 실질 내용에 비추어 이 사건 각 주식의 배당이라는 하나의 거래를 한 것과 동일하게 평가될 수 있다는 취지의 피고의주장을 뒷받침하는 정황에 해당된다(부산지방법원 2023구합20158, 2023. 7. 13.).

(3) 주요 판결사례

〈부산지방법원 2023구합20158, 2023. 7. 13.〉

부부 교차증여 → 양도 → 이익소각 → 양도대금 지급, 법인 가지급금 상환, 공동 부동산 구매 자금, 생활비 등으로 지출

이 사건 각 주식대금은 이 사건 양도 직후 원고 김BB이 지급받은 268,913,000원을 포함하여 그 전액이 원고 손AA에게 귀속되었고, 원고 손AA은 이 사건 교차증여금액이나 이 사건 각 주식에 대한 원고들 지분 비율 등에 따른 구분 없이 그 전액을 이 사건 회사에 대한 가지급금 상환, 원고들의 공동 부동산 구매 자금, 생활비 등으로 소비하였으며, 달리 그 각 주식대금을 이 사건 각 교차증여의 독립적인 실질에 맞게 원고들이 독자적으로 소비하였음을 확인할 아무런 자료가 없다.

이 사건의 전반적인 경위와 과정 등에 비추어 보면, 이 사건 교차증여, 이 사건 양도, 이 사건 주식소각은 각각 어느 하나가 없다면 나머지도 이루어지지 않는 상호의존적인 관계에 있었던 것으로 보인다. 즉, 이 사건 양도와 주식소각이 예정되어 있지 않았다면 원고들이 이 사건 각 주식을 상호 교차증여하였을 것으로 보이지 않을 뿐만 아니라 원고들이 이 사건 교차증여 없이 이 사건 각 주식을 양도하고, 이 사건 회사를 통하여 이를 소각하였을 것으로 보이지 않는다.

이 사건 교차증여, 양도, 주식소각을 함에 있어 주식회사의 자기주식의 취득, 소각에 관한 상법상의 절차 규정조차 제대로 거치지 않았다는 부분은, 이 사건 교차증여와 양도에 각각 독립적인 경제적 실질이 존재한다는 취지의 원고들의 주장을 뒷받침하는 것이 아니라 오히려 이 사건 교차증여와 양도가 조세회피 목적을 이루기 위한 수단에 불과하고 그 경제적 실질 내용에 비추어 이 사건 각 주식의 배당이라는 하나의 거래를 한 것과 동일하게 평가될 수 있다는 취지의 피고의 주장을 뒷받침하는 정황에 해당된다.

〈창원지방법원 2020구합52335, 2021. 1. 14.〉

부부 교차증여 → 양도 → 이익소각 → 양도대금 지급, 법인 가지급금 상환

이 사건 증여, 이 사건 양도, 이 사건 주식소각 등 단계적으로 이루어진 일련의 거래 또는 행위는 처음부터 원고와 C의 부당한 조세회피 목적을 이루기 위한 수단으로 실질과 괴리되는 비합리적인 형식이나 외관을 취한 것에 불과하고, 그 실질은 원고와 C가 1주당 10,000원에 취득한 주식발행법인 주식 중 10,000주를 주식 발행법인에 양도하고 이익소각을 통해 이익잉여금을 배당받는 것과 동일한 거래 또는 행위라고 평가할 수 있으므로, 피고가 위와 같은 일련의 거래를 그 경제적 실질 내용에 따라 파악하여, 원고에게 의제배당소득이 발생한 것으로 보고 종합소득세를 부과한 이 사건 처분은 적법하다.

○ **[유형 3] 주식증여 → 양도 → 이익소각**

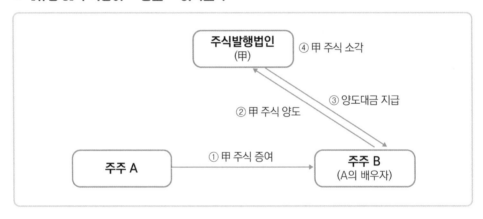

(1) 거래실질 판단

[유형 3]의 경우 주식양도대금이 수증자인 대표이사의 배우자에게 귀속되었고, 당해 증여를 통하여 수증자 자신이 지배·관리할 수 있는 여유 자금을 조달할 수 있었으며, 양도 후 미처분이익 잉여금으로 주식을 소각하여 주주들에게 배당을 한 효과가 나타난 것이므로 당해 증여 및 양도는 각각 독립한 경제적 목적과 실질이 존재하는 것으로 보아야 할 것입니다.

(2) 판단에 대한 근거

[유형 3]에 대하여 법원에서는 아래와 같은 근거를 토대로 거래 실질을 판단하였습니다.

원고들은 배우자에게 '주식'을 증여할지 '현금'을 증여할지 선택할 수 있다. 원고들이 배우자 증여공제 제도를 이용하여 위 한도 내에서 각 배우자에게 주식을 증여한 것이 위법하다거나 이례적인 것이 아니다. 이 사건 증여로 인하여 원고들은 증여가액만큼 배우자 증여공제 한도가 감소하였으므로 원고들이 이 사건 증여로 아무런 손실이 없었다고 볼 수 없다. 원고들은 이 사건 주식의 실제 소유자이고, 증여 시 가액 평가가 과소하면 증여세가 부과될 수도 있었다. 주식의 소유 관계, 배우자 증여공제 한도, 가액 평가의 적정성을 고려하면, 이 사건 증여를 진의 아닌 허위 의사표시를 요소로 하는 법률행위인 '가장행위'라고 단정할 수 없다. 또한 임시주주총회 및 이사회 결의를 거쳐 자기주식 취득 및 소각 결정을 하였고, 이사회 결의를 거쳐 이 사건 양수도를 하였다. 이는 모두 상법이 정한 절차를 거친 적법한 거래로 가장행위가 아니다(수원지방법원 2022구합 73353, 2023. 7. 5. 외 다수).

(3) 주요 판결 사례

〈수원지방법원 2022구합81194, 2024. 1. 11.〉
주식증여 → 양도 → 이익소각 → 양도대금 대여 및 차용금 변제 완료

남DD은 이 사건 주식의 소각 당일인 2018. 12. 10. 이 사건 주식의 양도대금 000, 000,000원 상당액을 원고에게 대여하였는바, 그 결과 원고가 이 사건 주식의 양도대금을 사용하게 되기는 하였으나, 원고는 남DD과의 소비대차계약에서 정한 바에 따라 매달 약정 원리금을 남DD에게 지급하고 있는바, 원고와 남DD 사이의 소비대차계약이 가장행위라고 단정하기도 어렵다.

배우자에게 '주식'을 증여할 것인지 '현금'을 증여할 것인지에 대해서는 기본적으로 당사자인 원고가 선택할 수 있는 것이고, 배우자 증여재산 공제 한도는 상속세 및 증여세법상 인정되고 있는 상황에서, 이 사건 증여 및 이 사건 양도로 배우자 증여공제 제도를 통하여 절세를 하고, 상속세 및 증여세법상 보충적 평가방법으로 평가한 증여가액과 이 사건 주식의 양도가액이 동일하여 남DD이 양도소득세를 부담하지 않게 되었다는 사정만으로 이 사건 증여 및 이 사건 양도가 그 실질이 없이 오로지 의제배당 소득세의 부담을 회피할 목적으로 비합리적인 형식이나 외관을 형성한 것이라고 단정할 수 없다. 원고와 남DD이

절세가 가능하다는 제3자의 조언을 받고 이 사건 증여 및 이 사건 양도를 한 점, 이 사건 증여부터 이 사건 주식의 소각에 이르기까지 일련의 절차가 CCC의 주주 내지 특수관계인들 사이에서 이루어진 점, 결과적으로 원고가 의제배당소득에 대한 종합소득세를 부담하지 않는 결과가 발생한 점 등 피고가 주장하는 사정들을 고려하더라도 마찬가지다.

〈수원지방법원 2022구합73353, 2023. 7. 5.〉

주식증여 → 양도 → 이익소각 → 양도대금 본인 수령 후 사용(대출 상환, 예적금 불입)

원고들이 배우자 증여공제 제도를 통하여 증여세를 부담하지 않고, 이EE, 박FF이 상속세 및 증여세법상 보충적 평가방법으로 평가한 증여가액과 양도가액이 동일하여 양도소득세를 부담하지 않게 되었다는 것만으로 원고들이 의제배당소득세 부과를 회피할 목적으로 이 사건 거래를 하였다고 단정할 수 없다. 원고들이 이 사건 거래를 하기 이전에 외부전문가의 조언을 받았다거나 일련의 절차가 단기간에 이루어졌다는 점 등은 원고들이 배우자 증여공제 한도 내에서 이EE, 박FF에게 증여를 하고자 하는 목적 달성을 위해 충분히 납득할 만한 거래방식에 해당하고, 위와 같은 사정만으로는 원고들에게 조세회피목적이 있다고 볼 수도 없다.

3) 이 사건 증여 및 양도는 모두 유효한 법률행위로 과세관청은 특별한 사정이 없는 한 그 법률관계를 존중하여야 한다. 피고들은 국세기본법 제14조 제3항을 근거로 ① 이 사건 증여, ② 이 사건 양도를 모두 부인하고, 이 사건 거래를 원고들이 이 사건 회사에 이 사건 주식을 직접 양도한 것으로 재구성하였다. 그러나 앞서 본 바와 같이 이 사건 주식의 양도대금이 이EE, 박FF에게 실질적으로 귀속되었으므로 이 사건 거래를 재구성하기 위해서는 ① 이 사건 거래를 원고들이 이 사건 회사에 이 사건 주식을 직접 양도한 행위 외에 추가로 ② 원고들이 주식양도대금을 이EE, 박FF에게 증여한 행위까지 거래에 포함되어야 한다. 국세기본법 제14조 제3항은 여러 단계의 거래 형식을 부인하고 실질에 따라 과세대상인 하나의 행위 또는 거래로 보아 과세할 수 있도록 한 것이다. 이 사건과 같이 여러 단계의 거래 형식을 모두 부인하고, 이를 다시 복수의 거래로 재구성하는 경우까지 허용된다고 보기 어렵다.

〈수원지방법원 2023구합65847, 2023. 9. 20.〉

주식증여 → 양도 → 이익소각 → 양도대금 보험계약 명의변경 및 잔여기간 보험료 지급

이 사건 주식의 양수도대금 599,990,400원 중 441,387,630원은 실납입금 441,387,630원인 이 사건 보험계약 명의 변경으로, 158,602,770원은 계좌이체로 각 지급되었고, BBB은 ☆☆☆에게 위 양수도대금 중 157,600,000원(=59,100,000원 +98,500,000원)을 이 사건 보험의 잔여기간 보험료로 지급하였다. 따라서 이 사건 주식 소각으로 인한 소득이 원고에게 귀속되었다고 볼 수 없다.

원고가 배우자 증여공제 제도를 통하여 증여세를 부담하지 않고, BBB이 상속세 및 증여세법상 보충적 평가방법으로 평가한 증여가액과 양도가액이 동일하여 양도소득세를 부담하지 않게 되었다는 것만으로 원고가 의제배당소득세 부과를 회피할 목적으로 이 사건 거래를 하였다고 단정할 수 없다.

〈수원지방법원 2022구합70248, 2023. 5. 25.〉

부모 및 자녀의 부부간 주식증여 → 양도 → 이익소각 → 양도대금 본인 명의 회원권 구입, 오피스텔 계약금 및 아파트 보증금 등으로 사용

이 사건 제1주식의 양도대금 595,277,100원 중 271,700,000원은 유AA가 그 명의의 회원권, 재산 취득을 위하여 사용하였고, 나머지 역시 유AA가 자신을 위하여 사용하였다고 보이며, 위 양도대금이 원고 오○○의 이익으로 귀속되었다고 볼 만한 자료는 없다. 원고들은 이 사건 제2주식의 양도대금 593,805,000원은 김BB가 원고 오□□와 공동으로 체결한 임대차계약의 임대차보증금으로 지급하였다고 주장하고 있고, 피고는 위 양도대금이 원고 오□□에게 귀속되었다고 볼 만한 주장 및 근거를 제출하지 못하고 있다. 따라서 이 사건 각 주식의 소각으로 인한 소득이 원고들에게 귀속되었다고 보기 어렵다. 원고들이 배우자 증여공제 제도를 통하여 증여세를 부담하지 않고, 유AA, 김BB가 상속세 및 증여세법상 보충적 평가방법으로 평가한 증여가액과 이 사건 각 주식의 양도가액이 동일하여 양도소득세를 부담하지 않게 되었다는 것만으로 원고들이 의제배당소득세 부과를 회피할 목적으로 이 사건 각 증여 및 양도를 하였다고 단정할 수 없다.

원고들은 이 사건 각 증여를 통하여 이 사건 각 주식의 경제적 가치를 수증자인 유AA, 김BB에게 귀속시켰고, 이 사건 각 양도를 통하여 ○○○○텍의 발행주식수를 감소시켰다. 이 사건 각 증여와 이 사건 각 양도는 각각 독립한 경제적 목적과 실질이 존재하는 바, 절세의 일환으로 배우자 증여공제 제도를 활용하였다는 사정만으로 국세기본법 또는 세법의 혜택을 부당하게 받기 위한 것이었다고 보기 어렵다.

〈수원지방법원 2022구합73537, 2023. 5. 31.〉
주식증여 → 양도 → 이익소각 → 양도대금 전세계약 체결 및 전세보증금 지급

이 사건 주식의 양도대금 000,000,000원은 홍CC이 자신의 전세보증금으로 모두 사용하였으므로 위 양도대금은 홍CC의 이익으로 귀속되었다. 이 사건 주식의 소각으로 인한 소득이 원고에게 귀속되었다고 보기 어렵다(피고도 이를 다투지 않는 것으로 보인다). 원고가 배우자 증여공제 제도를 통하여 증여세를 부담하지 않고, 홍CC이 상속세 및 증여세법상 보충적 평가방법으로 평가한 증여가액과 양도가액이 동일하여 양도소득세를 부담하지 않게 되었다는 것만으로 원고가 의제배당소득세 부과를 회피할 목적으로 이 사건 거래를 하였다고 단정할 수 없다. 5) 원고가 배우자에게 '주식'을 증여할 것인지 '현금'을 증여할 것인지에 대해서는 특별한 사정이 없는 한 원고가 선택할 수 있는 것이고, '증여재산공제한도 내에서 배우자에게 자산을 증여하는 행위'는 세금을 절약할 수 있고, 재산도 보존할 수 있는 절세방법이라고 국세청이 국민들에게 홍보하고 있는 제도이기도 하므로, 원고가 배우자 증여공제 제도를 이용하여 위 한도 내에서 배우자에게 주식을 증여하는 것이 이례적이라고 볼 수 없다. 6) 원고가 이 사건 거래를 하기 이전에 외부전문가의 조언을 받았다거나 이 사건 양도가 홍CC이 이 사건 증여로 증여받은 대상만을 목적으로 하였다거나 일련의 절차가 단기간에 이루어졌다는 점 등은 원고가 배우자 증여공제 한도 내에서 홍CC에게 증여를 하고자 하는 목적 달성을 위해 충분히 납득할 만한 거래방식에 해당하고, 위와 같은 사정만으로는 원고에게 조세회피 목적이 있다고 볼 수도 없다. 7) 원고의 이 사건 증여로 홍CC은 전세보증금 지출을 위한 자금을 조달할 수 있었고, 이 사건 양도로 ○○○아이는 재무구조개선의 효과가 있었다. 이 사건 증여와 이 사건 양도는 각각 독립한 경제적 목적과 실질이 존재한다.

18

통합고용세액공제 제도

 고용증대세액공제

(1) 개요

소비성서비스업을 제외한 내국법인의 2025년 12월 31일이 속하는 과세연도까지의 기간 중 해당 과세연도의 상시근로자의 수가 직전 과세연도의 상시근로자의 수보다 증가한 경우 아래 공제금액을 2년간(중소기업 및 중견기업은 3년간) 공제합니다.

> * **소비성서비스업(조세특례제한법 시행령 제29조 제3항)**
>
> 소비성서비스업은 다음 각 호의 어느 하나에 해당하는 사업을 말한다.
>
> 1. 호텔업 및 여관업(관광숙박업 제외)
> 2. 주점업(일반유흥주점업, 무도유흥주점업 및 식품위생법 시행령 제21조에 따른 단란주점 영업만 해당하되, 관광진흥법에 따른 외국인전용유흥음식점업 및 관광유흥음식점업은 제외)
> 3. 그 밖에 오락·유흥 등을 목적으로 하는 사업으로서 기획재정부령으로 정하는 사업

(2) 공제금액

구분	공제금액			
	중소기업		중견기업	대기업
	수도권	지방		
① 청년정규직, 장애인, 60세 이상, 경력단절여성	1,450만 원	1,550만 원	800만 원	400만 원
② 그 이외의 인원	850만 원	950만 원	450만 원	
공제기간	3년		3년	2년

* 당해 공제금액에 대한 최저한세 및 농어촌특별세 적용대상에 해당됩니다.

(3) 공제방법

법인세를 공제받은 내국법인이 최초로 공제를 받은 과세연도의 종료일부터 2년이 되는 날이 속하는 과세연도의 종료일까지의 기간 중 전체 상시근로자의 수가 최초로 공제를 받은 과세연도에 비하여 감소한 경우에는 감소한 과세연도부터 당해 규정을 적용하지 아니하고, 청년 등 상시근로자의 수가 최초로 공제를 받은 과세연도에 비하여 감소한 경우에는 감소한 과세연도부터 청년정규직, 장애인 등에 대한 공제규정을 적용하지 아니합니다.

(4) 근로자 범위

① 상시근로자

근로기준법에 따라 근로계약을 체결한 내국인 근로자를 말하는 것입니다.

② 청년근로자

15세 이상 34세(병역 이행한 사람은 6년을 한도로 병역 이행 기간을 현재 연령에서 빼고 계산한 연령을 말한다) 이하인 사람 중 다음 각 목에 해당하는 사람을 제외한 사람

가. 기간제근로자 및 단시간근로자

나. 파견근로자

다. 청소년보호법에 따른 청소년유해업소에 근무하는 같은 법에 따른
청소년

③ 장애인근로자

장애인복지법의 적용을 받는 장애인, 국가유공자 등 예우 및 지원에 관한 법률에
따른 상이자, 5·18 민주유공자예우 및 단체설립에 관한 법률 제4조 제2호에
따른 5·18 민주화운동부상자와 고엽제후유의증 등 환자 지원 및 단체설립에
관한 법률에 따른 고엽제후유의증환자로서 장애등급 판정을 받은 사람

④ 근로계약 체결일 현재 연령이 60세 이상인 사람

⑤ 조세특례제한법 제29조의3 제1항에 따른 경력단절여성

☝ 정규직 전환에 대한 세액공제

중소기업 또는 중견기업이 2022년 6월 30일 당시 고용하고 있는 기간제근로자
및 단시간근로자, 파견근로자를 2023년 12월 31일까지 기간의 정함이 없는
근로계약을 체결한 근로자로 전환하거나 사용사업주가 직접 고용하는 경우에는
정규직근로자로의 전환에 해당하는 인원에 1,300만 원(중견기업의 경우에는
900만 원)을 곱한 금액을 해당 과세연도의 법인세에서 공제합니다. 다만, 해당
과세연도에 해당 중소기업 또는 중견기업의 상시근로자 수가 직전 과세연도의
상시근로자 수보다 감소한 경우에는 공제하지 않습니다.

③ 육아휴직 복직자에 대한 세액공제

중소기업 또는 중견기업이 다음 각 호의 요건을 모두 충족하는 육아휴직 복귀자를 2025년 12월 31일까지 복직시키는 경우에는 육아휴직 복귀자 인원에 1,300만 원(중견기업의 경우에는 900만 원)을 곱한 금액을 복직한 날이 속하는 과세연도의 법인세에서 공제합니다. 다만, 해당 과세연도에 해당 중소기업 또는 중견기업의 상시근로자 수가 직전 과세연도의 상시근로자 수보다 감소한 경우에는 공제하지 않습니다(육아휴직 복귀자의 자녀 1명당 한 차례에 한정하여 적용).

① 해당 기업에서 1년 이상 근무하였을 것
② 남녀고용평등과 일·가정 양립 지원에 관한 법률 제19조 제1항에 따라 육아휴직한 경우로서 육아휴직 기간이 연속하여 6개월 이상일 것
③ 해당 기업의 최대주주 또는 최대출자자(개인사업자의 경우 대표자)나 그와 특수관계에 있는 사람이 아닐 것

④ 일자리 창출기업에 대한 조세지원제도

일자리를 늘리는 기업에게 실질적인 지원이 될 수 있도록 아래와 같은 조세지원 제도를 마련하고 있습니다.

○ 일자리 창출 관련 조세 감면 내용

단계	주요 내용
신규 고용	• 고용증대 세액공제(조특법 §29의7) 　-상시근로자 수가 증가한 기업(소비성서비스업 기업 제외)에 고용증가인원 1인당 　　일정금액을 공제 　　* 고용증가인원 1인당 4백만 원~1천 3백만 원(최대 3년) • 중소기업 고용증가인원 사회보험료 세액공제(최대 2년)(조특법 §30의4) 　-고용증가인원×사회보험료×50~100% 　　* 청년·경력단절여성 고용 시 100%, 신성장서비스업 영위 기업 75%, 그 외 50% • 중소기업에 취업한 청년·경력단절여성·60세 이상·장애인 근로소득세 감면 　(조특법 §30) 　-3년간 70%(청년 5년간 90%) • 통합고용 세액공제(조특법 §29의8) 　-고용증대 세액공제 고용증가인원 1인당 400만 원~1,550만 원(최대 3년) 　-정규직 전환 세액공제 전환인원 1인당 900만 원~1,300만 원 　-육아휴직 복귀자의 세액공제 복귀자 1인당 900만 원~1,300만 원 　　* '23년 및 '24년 과세연도분에 대해서는 통합고용 세액공제와 고용증대 세액공제 및 중소기업 　　　사회보험료 세액공제를 선택하여 적용 가능(중복 불가)
재고용	• 경력단절여성 고용 중소·중견기업 세액공제(조특법 §29의3) 　-2년간 인건비 30%(중견 15%) • 육아휴직 복귀자 복직 시 중소·중견기업 세액공제(조특법 §29의3) 　-1년간 인건비 30%(중견 15%)
고용 유지	• 고용유지 중소기업 등 세액공제(조특법 §30의3) 　-연간 임금감소 총액×10%+시간당 임금 상승에 따른 임금보전액×15%
임금 증대	• 근로소득 증대기업에 대한 세액공제(조특법 §29의4) 　-3년 평균 임금증가율 초과 임금증가분의 5%(중견 10%, 중소 20%) 세액공제

IV

임원퇴직금 지급규정과
현실적 퇴직

법인컨설팅을 위한
보 험 세 무 핵 심 포 인 트

19

임원의 범위 및 임원퇴직금 지급규정

 **임원의 범위**

통상 임원의 경우 민법 제680조에 의거하여 위임관계에 있는 반면, 근로자는 근로기준법 제2조* 고용관계에 있는 점에서 차이가 발생하게 되는데 세무상 임원인지 여부에 대한 판정은 중요합니다. 미등기임원에 대해서는 세무상 임원에 해당되지 않는 것으로 오인하는 경우가 많으나, 세무상 임원의 범위는 명칭 여하 및 등기 여부에 불구하고 직무의 수행내용 및 인사 규정 등의 실질내용을 종합적으로 고려해서 판단해야 할 사항으로 회사의 실질적인 경영에 참여하면서 임원의 임무를 수행하면 모두 임원으로 보아야 할 것입니다.

* 근로기준법 제2조(정의) ① 이 법에서 사용하는 용어의 뜻은 다음과 같다.

  1. "근로자"란 직업의 종류와 관계없이 임금을 목적으로 사업이나 사업장에 근로를 제공하는 사람을 말한다.
  2. "사용자"란 사업주 또는 사업 경영 담당자, 그 밖에 근로자에 관한 사항에 대하여 사업주를 위하여 행위하는 자를 말한다.
  3. "근로"란 정신노동과 육체노동을 말한다.
  4. "근로계약"이란 근로자가 사용자에게 근로를 제공하고 사용자는 이에 대하여 임금을 지급하는 것을 목적으로 체결된 계약을 말한다.

* 소득세법 기본통칙 12-0…1【임원과 근로자의 구분】

  ① 법에서 규정하는 "근로자"에는 법에서 특별히 임원을 제외하고 있는 경우 외에는 임원이 포함되는 것으로 한다.
  ② 임원이라 함은 「법인세법 시행령」 제40조 제1항에 따른 임원을 말한다.

① 법인세법상 임원 규정

법인세법 시행령 제40조(접대비의 범위) ① 주주 또는 출자자(이하 "주주등"이라 한다)나 다음 각 호의 어느 하나에 해당하는 직무에 종사하는 자(이하 "임원"이라 한다) 또는 직원이 부담해야 할 성질의 기업업무추진비를 법인이 지출한 것은 이를 기업업무추진비로 보지 아니한다.

1. 법인의 회장, 사장, 부사장, 이사장, 대표이사, 전무이사 및 상무이사 등 이사회의 구성원 전원과 청산인
2. 합명회사, 합자회사 및 유한회사의 업무집행사원 또는 이사
3. 유한책임회사의 업무집행자
4. 감사
5. 그 밖에 제1호부터 제4호까지의 규정에 준하는 직무에 종사하는 자

② 대법원 판결을 통한 근로자 판정

대법원에서는 근로기준법 적용을 받는 근로자에 해당하는지 여부는 계약 형식에 관계없이 임금을 목적으로 종속적 관계에서 사용자에게 근로를 제공하였는지, 아니면 회사의 경영을 위한 업무를 담당하면서 회사로부터 위임받은 사무를 처리했는지 여부에 따라 판단하도록 판결하고 있습니다(대법원 1992. 12. 22. 선고 92다28228 판결, 대법원 2000. 9. 8. 선고 2000다22591 판결 등 참조).

2 임원퇴직금 지급규정

대표이사 등 법인의 임원은 근로기준법상 근로자에 해당하지 아니하여 임원 퇴직금을 지급할 때에는 상법 및 세법 규정에 따라야 하고, 법인세법상 규정된 일정 한도를 초과하여 지급된 퇴직금에 대해서는 손금불산입 사항으로 규정하고 있습니다.

① 퇴직금 손금산입 한도

임원에게 지급한 퇴직급여 중 다음의 금액을 초과하는 금액은 이를 손금에 산입하지 아니하고 해당 임원에 대한 상여로 처분합니다.

○ **법인세법 시행령 제44조 제4항 손금산입 한도**

구분	내용
① 정관상 지급한 금액이 정하여진 경우	정관에 정하여진 금액(정관에서 위임된 퇴직급여 지급규정이 따로 있는 경우에는 해당 규정에 의한 금액)
② "①" 이외의 경우	임원이 퇴직하는 날부터 소급하여 1년 동안 해당 임원에게 지급한 총 급여액의 10%에 상당하는 금액에 근속연수를 곱한 금액

....

* 근속연수는 역년에 따라 계산하며, 1년 미만의 기간은 월수로 계산하되 1개월 미만의 기간은 없는 것으로 한다. 이 경우 해당 임원이 직원에서 임원으로 된 때에 퇴직금을 지급하지 아니한 경우에는 직원으로 근무한 기간을 근속연수에 합산할 수 있습니다.

② 손금산입 조건

당해 임원퇴직금 지급규정이 세무상으로 인정받기 위해서는 특정 임원에게만 차별적·일시적으로 적용되는 것이 아닌 모든 임원들에게 일반적으로 적용되어야 하는 것으로, 아래 조건을 모두 충족해야 손금산입 가능합니다.

1. 상법 절차를 준수한 임원퇴직금 지급규정에 해당될 것
2. 사용인에 비하여 지나치게 과도한 금액이 아닌 사회통념상 타당하다고 인정되는 범위 내 퇴직금에 해당될 것
3. 모든 임원에게 일반적으로 계속·반복적으로 적용되는 규정에 해당될 것

당해 임원퇴직금 지급규정을 마련하면서 합리적인 범위 내에서 임원 직급별 또는 근속 기간별로 차등적으로 지급하는 퇴직금에 대해서도 세무상 손금으로 인정됩니다.

③ 임원퇴직금 지급규정 마련 시기

세무상 임원퇴직금 지급규정의 마련 시기에 대한 규정은 없으며, 보험영업 현장에서는 통상 CEO플랜 제안 과정에서 임원퇴직금 지급규정을 마련하거나 계약 체결 직후 보완하는 경우가 대부분입니다. 당해 규정은 임원퇴직 전까지 언제든지 마련해도 무방할 것으로 보이나, 임원퇴직금 지급규정 마련을 뒤로 늦추기보다는 가급적 빠른 시일 내 규정을 정비해 두는 것이 과세관청과의 마찰을 줄이면서 안정적인 방법이라 볼 수 있습니다.

임원의 범위 핵심포인트

KEY POINTS

세무상 임원의 범위는 명칭 여하 및 등기 여부에 불구하고 직무의 수행내용 및 인사 규정 등 실질내용을 종합적으로 고려해서 판단해야 할 사항으로, 비록 미등기임원이지만 회사 경영에 실질적으로 참여하면서 임원의 임무를 수행한다면 당연히 세무상 임원으로 보아야 할 것입니다.

20
임원퇴직금 지급한도 및 정관변경

1 개요

2012. 1. 1. 소득세법상 임원의 퇴직금 지급한도가 신설되기 이전에는 정관에 규정된 임원퇴직금 지급규정에 따른 퇴직금이라면 한도 제한없이 퇴직금으로 인정 되었습니다. 하지만 2012년부터 임원퇴직금 한도를 제한할 목적으로 3배수까지만 퇴직소득으로 인정해주었고, 2020년 1월 1일부터는 2배까지만 퇴직소득으로 인정하는 것으로 소득세법이 개정 적용되고 있습니다.

~2011. 12. 31.	2012. 1. 1.~2019. 12. 31.	2020. 1. 1.~
별도 한도 없음.	3배수 적용	2배수 적용

여기서 주의해야 할 점은 당해 법인의 임원퇴직금 지급규정상 3배수 퇴직금을 지급하는 것으로 규정되어 있어 규정대로 3배수에 해당하는 퇴직금을 임원에게 지급한다면 2020. 1. 1. 이후 근속기간에 대한 퇴직금은 2배까지만 퇴직소득으로 인정되기 때문에 한도를 초과한 1배수에 상당하는 퇴직금은 퇴직소득이 아닌 근로소득으로 과세됩니다.

구분	손금인정		손금부인
법인세	퇴직급여		근로(인정상여)
소득세	한도 이내	한도 초과	
	퇴직소득	근로소득	

[임원퇴직금 한도] 2020년 이후 퇴직 시 적용

임원의 퇴직소득금액(2012. 1. 1. 이후 근무기간에 해당하는 금액)이 다음 산식에 따라 계산한 금액을 초과하는 금액은 근로소득으로 봅니다.

> 2019년 12월 31일부터 소급한 3년 평균급여
> ×1/10×('12. 1. 1.~'19. 12. 31. 근속기간)×3배
> +
> 퇴직일 이전('20년 이후) 3년간 연평균급여
> ×1/10×'20 이후 근속연수×2배

* '12~'19년에 대해서는 기존대로 3배를 적용하되, 곱해지는 급여는 '17~'19년 평균급여를 적용함에 주의해야 합니다.

2. 근속기간 산정 시 주의사항

① 무보수 기간에 대한 근속기간 포함 여부

무보수 기간에 실제로 근무한 사실이 객관적으로 입증되어야 하며, 불특정 다수의 임원에게 계속·반복적으로 적용된다면 당해 무보수 기간도 임원퇴직금 산정 시 근속기간에 포함시키는 것이 타당할 것입니다.

법인세과-1338, 2017. 5. 26.

무보수 근무기간을 제외한 전·후 기간의 총급여액 규모 등 사실관계가 불분명하여 정확하게 회신할 수 없으나, 내국법인이 정관의 위임에 따라 주주총회에서 임원에 대한 퇴직급여 지급기준을 정한 경우 「법인세법 시행령」 제44조 제5항에 따른 정관에서 위임된 퇴직급여 지급규정에 해당하는지 여부는 아래의 기존 회신 사례를 참고하기 바랍니다.

법인46012-1807, 2000. 8. 23.

질의 1의 경우 법인이 법인세법 시행령 제44조 제2항 제4호의 규정에 의하여 임원에 대한 퇴직금을 중간정산하여 지급함에 있어서 당해 임원의 근무기간 중 급여를 받지 아니하고 근무한 기간이 있는 경우 동 퇴직금 산정 시 그 무급여기간을 근속연수에 포함할 수 있는 것

② 임원퇴직금 지급규정 개정 전까지의 근속기간에 대한 인정 여부

임원이 퇴직하기 전에 퇴직금 지급규정을 개정한 경우 개정규정이 개정 이후 근속기간에만 적용되는 것이 아니라 개정 전까지의 근속기간에 대하여도 적용할 수 있는 것입니다(같은 뜻: 법인세과-461, 2010. 5. 19. 외 다수).

3 정관변경 절차

신규 법인을 설립하는 과정에서 처음부터 임원퇴직금 지급규정을 정관에 제대로 마련해 놓기보다는 대다수 중소기업들은 표준정관을 사용하게 되는데, 아래와 같이 표준정관상 어떤 방식으로 임원퇴직금 지급규정이 명시되어 있는지 여부에 따라 주주총회 특별결의 및 보통결의를 통해 정관을 변경해야 합니다.

구분	내용
정관상 임원퇴직금 지급규정이 명시되어 있는 경우	주주총회 특별결의 통해 내용 수정 필요
정관상 "임원퇴직금은 주주총회 결의에 의한다"고 규정되어 있는 경우	주주총회 보통결의 별도 임원퇴직금 지급규정 마련 필요

* 특별결의: 발행주식총수의 1/3 이상 + 출석주주 2/3 이상 찬성
* 보통결의: 발행주식총수의 1/4 이상 + 출석주주 과반수 이상 찬성

이사회 및 주주총회 소집통지	➡	주주총회 개최	➡	정관변경 및 공증

여기서 공증인의 인증 여부는 정관변경의 효력발생에는 아무 영향이 없으나 (대법원 2007. 6. 28. 선고 2006다62362 판결), 나중에 제3자에 대한 대항력 및 특정 시기에 정관변경이 있었다는 입증책임 강화를 위해 실무상 대부분 공증을 받고 있습니다.

임원퇴직금지급한도 핵심포인트

소득세법에서 규정된 임원퇴직금 지급한도는 퇴직소득으로 인정해주는 기준금액으로, 만약 법인 정관상 임원퇴직금 지급배수가 5배수로 규정되어 있어 동 규정대로 5배수를 지급했다면 정관 규정대로 지급한 법인에서는 세무상 손금인정되고, 퇴직금을 수령한 임원은 한도 내 금액에 대하여 퇴직소득으로 계산되며, 한도 초과금액에 대해서는 퇴직소득이 아닌 근로소득으로 과세되는 것입니다.

21

임원퇴직금 중간정산 및 현실적인 퇴직

 임원퇴직금 중간정산

임원퇴직금 중간정산 요건에 대해서는 법인세법에 규정되어 있는데, 근로자 퇴직급여보장법에서 규정하고 있는 근로자의 퇴직금 중간정산 요건과는 차이가 있습니다.

2015년 12월 31일까지는 법인 임원에 대한 급여를 연봉제로 전환하면서 향후 퇴직금을 지급받지 아니하는 조건으로 그때까지의 퇴직급여를 정산하여 수령할 수 있었지만, 그 이후부터 임원은 원칙적으로 퇴직금 중간정산이 불가능하며 아래와 같이 예외적인 경우에 한하여 중간정산이 가능합니다.

구분	법인세법 시행규칙 제22조
퇴직금 중간정산 사유	1. 중간정산일 현재 1년 이상 주택을 소유하지 아니한 세대의 세대주인 임원이 주택을 구입하려는 경우(중간정산일부터 3개월 내에 해당 주택을 취득하는 경우만 해당한다) 2. 임원(임원의 배우자 및 소득세법 제50조 제1항 제3호에 따른 생계를 같이 하는 부양가족 포함)이 3개월 이상의 질병 치료 또는 요양을 필요로 하는 경우 3. 천재지변, 그 밖에 이에 준하는 재해를 입은 경우

다만, 임원이 연봉제로 전환하고 퇴직금을 중간정산하면 그 이후 기간에 대한 퇴직금을 수령할 수 없기 때문에 종종 호봉제로의 재전환을 고려하는 경우가 있습니다.

중간정산 이후 연봉제에서 호봉제로 재전환

내국법인이 법인세법 시행령 제44조 제2항 제4호(2015. 2. 3. 대통령령 제26068호로 개정되기 전의 것)에 따라 임원에 대한 급여를 연봉제로 전환하면서 향후 퇴직금을 지급하지 아니하는 조건으로 그때까지의 퇴직금을 정산하여 지급하고 추후 주주총회에서 임원의 급여를 연봉제 이전의 방식으로 전환하되 그 전환일로부터 기산하여 퇴직금을 지급하기로 결의한 경우 당초 지급하였던 중간 정산 퇴직금에 대하여는 "법인의 업무와 관련없이 지급한 가지급금 등"으로 보지 아니하는 것이며(서면-2018-법인-1373, 2018. 8. 3. 같은 뜻 다수), 만약 연봉제 이전의 방식으로 전환하면서 당초 중간정산 기간도 근속연수에 포함하여 퇴직 급여를 지급하는 내용으로 임원의 퇴직급여 지급규정을 개정하는 경우 당초 중간 정산하여 지급한 퇴직급여는 임원에 대한 업무무관 가지급금으로 보는 것입니다 (서면-2015-법령해석법인-1566, 2016. 5. 24.).

손금인정	가지급금 해당
연봉제 이전의 방식으로 전환하되 그 전환일로부터 기산하여 퇴직금 지급	연봉제 이전의 방식으로 전환하되 당초 중간정산 기간도 근속연수에 포함하여 퇴직금 지급

여기서 중간정산 및 연봉제 이전으로의 재전환 과정이 특정임원에 대한 자금 대여의 목적에 의한 것이라고 인정되는 경우에는 가지급금에 해당됩니다.

현실적인 퇴직

임원퇴직금은 법인 임원이 아래와 같이 현실적인 퇴직을 하는 경우에 한하여 손금에 산입합니다.

구분	내용
현실적인 퇴직 사유	1. 법인의 직원이 해당 법인의 임원으로 취임한 때 2. 법인의 임원 또는 직원이 그 법인의 조직변경·합병·분할 또는 사업양도에 의하여 퇴직한 때 3. 「근로자퇴직급여보장법」 제8조 제2항에 따라 퇴직급여를 중간정산하여 지급한 때 4. 정관 또는 정관에서 위임된 퇴직급여 지급규정에 따라 장기요양 등 기획재정부령 법인세법 시행규칙 제22조 참조로 정하는 사유로 그때까지의 퇴직급여를 중간정산하여 임원에게 지급한 때 5. 법인의 직영차량 운전기사가 법인소속 지입차량의 운전기사로 전직하는 경우 6. 법인의 임원 또는 사용인이 사규에 의하여 정년퇴직을 한 후 다음 날 동 법인의 별정직 사원(촉탁)으로 채용된 경우 7. 합병으로 소멸하는 피합병법인의 임원이 퇴직급여 지급규정에 따라 퇴직급여를 실제로 지급받고 합병법인의 임원이 된 경우 8. 법인의 상근임원이 비상근임원으로 된 경우

현실적인 퇴직에 해당되지 않는 경우

다음의 경우에는 현실적인 퇴직에 해당되지 않기 때문에 혹시라도 법인에서 해당 임원에게 지급한 퇴직금은 업무무관 가지급금에 해당하게 됩니다.

구분	내용
현실적인 퇴직에 해당되지 않는 사유	1. 임원이 연임된 경우 2. 법인의 대주주 변동으로 인하여 계산의 편의, 기타 사유로 전 사용인에게 퇴직급여를 지급한 경우 3. 외국법인의 국내지점 종업원이 본점(본국)으로 전출하는 경우 4. 정부투자기관 등이 민영화됨에 따라 전 종업원의 사표를 일단 수리한 후 재채용한 경우 5. 「근로자퇴직급여보장법」 제8조 제2항에 따라 퇴직급여를 중간정산하기로 하였으나 이를 실제로 지급하지 아니한 경우. 다만, 확정된 중간정산 퇴직급여를 회사의 자금사정 등을 이유로 퇴직급여 전액을 일시에 지급하지 못하고 노사합의에 따라 일정기간 분할하여 지급하기로 한 경우에는 그 최초 지급일이 속하는 사업연도의 손금에 산입 6. 법인분할에 있어서 분할법인이 분할신설법인으로 고용을 승계한 임직원에게 퇴직금을 실제 지급하지 아니하고 퇴직급여충당금을 승계한 경우 7. 법인의 임원 또는 직원이 특수관계 있는 법인으로 전출하는 경우에 전입법인이 퇴직급여상당액을 인수하여 퇴직급여충당금으로 계상한 때

 임원 퇴임 후 재입사의 경우

임원이 퇴직하고 사용인으로 재입사하면서 당해 법인이 임원퇴직급여를 실제 지급한 경우 현실적인 퇴직에 해당하는 것으로, 한도 내에서 지급된 퇴직급여는 손금에 산입하는 것입니다. 다만, 임원에서 퇴직하고 사용인으로 재입사하는 과정을 통하여 퇴직급여를 지급한 것이 그 임원에게 자금을 대여하기 위한 목적 이라고 인정되는 경우에는 업무무관 가지급금으로 보도록 해석하고 있습니다 (법령해석법인-0562, 2019. 11. 5. 같은 뜻).

한편, 내국법인의 대표이사가 사임한 후에 임원퇴직급여를 수령하고 사실상 임원이 아닌 고문으로 다시 근무하는 경우 현실적인 퇴직에 해당하는 것이나,

당해 고문이 사실상 임원에 해당하는지 여부는 해당 법인의 내부직제, 담당업무 및 전결권의 범위, 급여 기준 등을 종합적으로 고려하여 판단할 사항입니다.

일부 현장에서 대표이사 사임 후 3년이 경과된 시점부터는 재입사가 가능한 것으로 오인하는 경우가 있습니다. 이는 아마도 임원변경등기 주기 3년을 잘못 이해한 것으로 판단되며 명목상 대표직 사임 이후 2~3년 경과시점에 다시 취임한다면 현실적인 퇴직으로 인정되지 아니하여 가지급금으로 볼 가능성이 높으며, 예를 들어 건강상 요양 목적으로 퇴사 후 실질적인 치료, 요양을 통해 건강회복 이후 다시 취임하는 경우 등 명확한 사유 및 그에 대한 객관적인 입증서류가 있는 경우에 한하여 현실적인 퇴직으로 인정받을 수 있을 것입니다.

임원퇴직금 중간정산 핵심포인트 — KEY POINTS

2016년 1월 1일부터 법인 임원에 대한 급여를 연봉제로 전환하면서 향후 퇴직금을 지급받지 아니하는 조건으로 퇴직금 중간정산은 불가능하며, 임원 사임 후 재입사하는 과정에서 퇴직금을 수령한 것이 해당 임원에 대한 자금 대여 목적으로 인정되는 경우에는 업무무관 가지급금으로 볼 수 있으나, 합리적인 사유로 인하여 부득이하게 퇴직한 이후 재입사를 할 수밖에 없었다는 사실을 입증한다면 이에 대하여 업무무관 가지급금으로 보기에는 어려울 것입니다.

V

CEO플랜 구조 및 세무처리

법인컨설팅을 위한
보 험 세 무 핵 심 포 인 트

22
CEO플랜의 기본구조

1️⃣ CEO리스크

중소기업 CEO에게는 여러 가지 리스크가 존재하게 됩니다. 대부분 법인의 최대주주이면서 대표이사로서 막중한 책임을 부담하고 있습니다. 혹시라도 사고 및 질병 등으로 인한 부재 상황을 대비한 상속세 납부재원 준비에 대한 필요성이 있으며, 회사 운영상 자금 경색 등으로 인한 유동성 위기 발생 시 적절한 대처가 가능하도록 유동자금을 확보해 놓아야 하고, 혹시라도 과세관청 세무조사를 통해 과중한 세금을 부과 처분받을 수 있는 Tax Risk에도 대비해야 하며, 더불어 추후 퇴직 이후 은퇴 및 노후자금도 준비를 해야 하는 상황입니다.

2️⃣ CEO플랜 계약 구조

상기에서 언급된 CEO리스크를 대비하기 위하여 많은 중소법인에서 법인CEO에게 발생할 수 있는 사망, 질병 등 사고를 보장받기 위한 보험상품(통상 CEO플랜이라 칭함)을 가입하게 되는데, CEO플랜은 최초 계약 당시 계약자(법인), 피보험자(대표이사 포함 임원), 수익자(법인)로 설정했다가 대표이사(임원 포함)가 퇴직하는 시점에서 대표이사 퇴직금 명목으로 당해 보험계약에 대한 계약자 및 수익자를 대표이사 명의로 변경하면서 퇴직소득세를 납부하는 것입니다. 개인 명의로 보험계약을 이전받은 이후에는 계속 보장을 받으면서 보험계약을 유지하거나 또는 보험계약 해지를 통해 해지환급금 수령이 가능하게 됩니다.

만약, 근무기간 중 계약자와 수익자를 법인에서 대표이사로 변경하게 된다면 계약자 및 수익자 변경시점에서 해당 보험에 대하여 평가한 금액을 대표이사 급여로 보아 근로소득세를 과세합니다.

🖐 CEO플랜 장점

① 통상 대표이사 퇴직시점에 계약자 및 수익자를 법인에서 개인으로 변경함에 따라 대표이사 입장에서는 근로 및 배당소득에 비하여 상대적으로 세금 부담액이 적은 퇴직소득으로 처리 가능하고, 명의변경 이후 지속적인 보장 혜택을 받을 수 있다는 장점이 있습니다.

② 계약자인 법인이 보험료를 납부하고, 수익자인 법인이 우선 보험금을 수령 하는 CEO플랜 구조로 인해 대표이사 입장에서는 법인 자금을 활용해서 보장을 받을 수 있다는 장점이 있습니다.

③ 대부분 CEO플랜은 대표이사 퇴직시점에서 계약자 및 수익자 변경을 통해 퇴직소득으로 처리하기 때문에, 법인 입장에서는 CEO플랜 가입을 통해 퇴직금 재원마련이 가능하다는 장점이 있습니다.

④ 계약자인 법인 입장에서는 대표이사(임원 포함)를 피보험자로 가입한 보장성 보험료는 세무상 손금처리를 통해 법인세 과세이연(절세) 효과가 발생하게 되는 장점이 있습니다.

⑤ 대표이사의 배우자가 임원으로 등재되어 있는 법인에서 계약자 및 수익자는 법인, 피보험자는 대표이사로 설정된 CEO플랜에 대하여 임원인 배우자 퇴직시점에서 계약자 및 수익자를 배우자로 변경한다면 추후 대표이사 사망 으로 인한 보험금에 대하여 상속세 부담 없이 배우자가 수령할 수 있는 장점이 있습니다.

○ **CEO플랜 단계별 진행절차**

구분	내용
제안단계	CEO플랜 필요성 안내(상속세 납부재원, 보장준비, 퇴직금 재원마련 등)
준비단계	정관변경을 통한 임원퇴직금 규정 마련 (임원보수규정 및 유족보상금 지급규정 등도 함께 마련)
실행단계	보험상품 선택 및 가입(중소기업 통상 짧은 납입기간 약 5~10년 상품 선호)
사후관리 단계	계약자·수익자 변경을 통한 보험증서 승계 (퇴직시점에서 계약자, 수익자 변경을 통한 퇴직소득 처리)

 CEO플랜 제안을 위한 고객 설득 논리

① 법인 자금 활용 측면에서 CEO플랜 가입 논리

법인 대표이사(임원 포함)가 가입하고 있는 보장성보험 중에서 계약자, 피보험자, 수익자 모두 본인으로 설정되어 있고 해당 보험료도 대표이사 개인이 지출하고 있는 경우를 쉽게 볼 수 있습니다. 대표이사 소득원천의 대부분이 법인으로부터 수령하는 급여에 해당된다면 보험료 지출을 위한 급여 수령 과정에서 본인도 모르는 사이 근로소득세 및 4대 보험료를 지출해야 하기 때문에 불필요한 세금 부담이 발생하게 되는 결과가 초래됩니다. 이렇게 불필요한 세금을 부담하고 있다는 내용으로 법인 대표자에게 설명함으로써 회사 자금으로 피보험자인 대표이사가 보장받고, 계약자 및 수익자를 법인으로 보장성 보험가입을 유도할 수 있게 됩니다.

> 🔒 **참고** | 법인CEO 개인 명의로 가입한 보험을 법인으로 명의 변경이 가능한지 여부
>
> 법인CEO 개인 명의로 가입한 보험을 법인으로 계약자, 수익자 변경이 가능한지 여부에 대해서는 보험계약은 경제적 가치가 있는 금융 자산이므로 매매거래를 통하여 명의 변경은 가능한 것으로 우선 해당 법인과 업무 관련성이 있어야 하고, 법인CEO와 해당 법인은 세무상 특수관계자에 해당되기 때문에 세무상 시가 상당액으로 보험계약을 평가해서 명의 변경을 진행해야 할 것입니다.

② 퇴직금 재원마련을 위한 CEO플랜 제안

퇴직금 재원을 마련하는 방법으로 퇴직연금과 CEO플랜의 비교 설명을 요청하는 법인 고객들이 자주 있습니다. 퇴직연금은 외부 금융기관에 퇴직급여 상당액을 의무적으로 예치해야 하므로 현금흐름이 불안정하거나 불규칙적인 회사에서 도입하기에는 부담이 될 수 있는 제도인 반면, CEO플랜은 중도인출, 약관대출 등으로 유동성을 가지고 있는 상품에 해당되어 퇴직연금과는 차별화될 수 있습니다.

통계청에서 발표한 2022년 퇴직연금 도입 현황 자료를 살펴보면 종사자 규모에 따라 퇴직연금 도입 비율에 차이를 보이고 있는데, 근로자 300인 이상 사업장은 91.9% 정도인 반면, 근로자 5인 미만 사업장의 도입 비율은 10.5% 정도로 근로자 수에 따라 도입 비율에 대한 극명한 차이를 보이고 있습니다. 이러한 퇴직연금 가입 통계를 토대로 퇴직연금제도는 종사자 규모가 큰 기업에 도입하기에는 적당할 수 있으나, 종사자 규모가 적은 소기업에게는 아직 도입에 부담이 있는 제도로 해석할 수 있을 것입니다.

○ **종사자 규모별 사업장 도입 현황**

(단위: 개소, %)

구분	2021년				2022년			
	전체 도입 사업장	도입 대상 사업장(A)	도입 사업장(B)	도입률 (B/A×100)	전체 도입 사업장	도입 대상 사업장(A)	도입 사업장(B)	도입률 (B/A×100)
합계 (구성비)	424,950 (100.0)	1,530,363 (100.0)	414,565 (100.0)	27.1	436,348 (100.0)	1,594,649 (100.0)	427,757 (100.0)	26.8
5인 미만	93,038 (21.9)	826,941 (54.0)	87,340 (21.1)	10.6	97,147 (22.3)	874,426 (54.8)	92,172 (21.5)	10.5
5~9인	131,688 (31.0)	389,235 (25.4)	128,871 (31.1)	33.1	132,709 (30.4)	396,649 (24.9)	130,569 (30.5)	32.9
10~29인	130,904 (30.8)	226,809 (14.8)	129,436 (31.2)	57.1	134,676 (30.9)	233,115 (14.6)	133,514 (31.2)	57.3
30~49인	28,698 (6.8)	39,097 (2.6)	28,542 (6.9)	73.0	29,771 (6.8)	40,605 (2.5)	29,648 (6.9)	73.0
50~99인	22,880 (5.4)	28,275 (1.8)	22,740 (5.5)	80.4	23,609 (5.4)	29,111 (1.8)	23,496 (5.5)	80.7
100~299인	12,856 (3.0)	14,686 (1.0)	12,772 (3.1)	87.0	13,302 (3.0)	15,175 (1.0)	13,241 (3.1)	87.3
300인 이상	4,886 (1.1)	5,320 (0.3)	4,864 (1.2)	91.4	5,134 (1.2)	5,568 (0.3)	5,117 (1.2)	91.9

자료: 통계청 2022년 퇴직연금통계 결과(2023.12.19.)

임원에 대한 퇴직연금 가입 여부

노동부 질의회신(퇴직급여보장팀-846, 2006. 3. 16.)에 의하면 근로자 아닌 임원이 퇴직연금에 가입할 수 있는지에 대하여 사용자는 근로자퇴직급여보장법 제2조 제1호에 의한 근로자에 대해서는 의무적으로 퇴직급여제도를 설정해야 하나, 그 외의 자에 대해서는 설정할 의무가 없습니다. 그러므로 근로자가 아닌 임원에 대하여 퇴직연금 적용대상으로 할지 여부는 사업장별로 자유로이 정할 수 있습니다.

5 생보사 및 손보사 CEO플랜 비교

① 생명보험회사의 CEO플랜

생명보험회사 종신보험 또는 경영인정기보험은 법인CEO 사망에 따라 발생할 수 있는 거액의 상속세를 대비하기 위한 목적으로 가입하게 되며, 더불어 계약자인 법인에서 손금처리를 통한 법인세 과세이연 효과 및 일정기간 경과 후 높은 환급금 수령을 통한 퇴직금 재원마련 목적으로 가입하게 됩니다.

이러한 특징으로 인해 사망담보 가입금액이 상대적으로 높은 편에 해당되고, 비용처리 측면을 고려하여 전기납 또는 90세납 상품 중심으로 판매되고 있으며, 상대적으로 단기간 내 高환급률에 도달할 수 있도록 설계되어 있습니다.

결국 생명보험회사에서는 상속세 납부 재원마련이 중요한 요소이기 때문에 법인 고객에게 비상장주식평가를 통한 법인의 주식가치를 산정한 이후 개인 자산과 합산하여 그에 따른 상속세 예상세액을 계산해서 사전에 미리 상속세 납부 재원마련이 필요하다는 내용으로 통상 고객에게 제안하고 있습니다.

② 손해보험회사의 CEO플랜

반면, 손해보험회사에서는 생보사 종신보험 등과는 달리 질병사망담보금액이 최대 2억 원까지만 가입 가능하기 때문에 사망보다는 암, 뇌혈관, 심혈관에 대한 진단비 및 수술비 등 생존담보 위주로 상품이 구성되는 특징을 가지고 있습니다.

따라서 법인 대표이사 근무기간 동안 중대한 질병 및 사고로 인한 진단 및 수술을 받게 된다면 이를 대비하기 위하여 당해 손보사 보장성 상품으로 보장 받으면서 추후 대표이사 퇴직하는 시점에서 계약자 및 수익자를 법인에서 개인으로 변경 처리하여 당해 보험증서를 퇴직금으로 처리하는 내용으로 영업을 진행하고 있습니다.

6 비영리법인에 대한 CEO플랜

실무적으로 학교법인, 의료법인, 유치원 등 비영리법인을 대상으로 CEO 플랜을 제안하는 아래와 같은 제약 요인으로 인하여 주의가 필요합니다.

통상 CEO플랜은 퇴직금 재원을 마련하는 목적으로 제안하게 되는데 비영리법인 이사장 등에게 영리법인과는 달리 통상 거액의 퇴직금을 지급하지 않을 뿐 아니라 관계 법령상 퇴직금 지급이 불가능하거나 주무관청의 승인 등을 받아야 하는 경우도 있으니, 이에 대한 사전 확인이 필요합니다.

그 다음으로는 CEO플랜 제안 과정에서 계약자인 법인에서 세무상 손금처리를 통한 과세이연(절세)효과를 강조하게 되는데, 비영리법인은 공익목적사업에서 발생한 이익에 대해서는 법인세가 면세됨에 따라 CEO플랜 가입을 통한 손금처리 및 과세이연(절세)효과가 발생하지 않기 때문에 이에 대한 주의도 필요합니다.

CEO플랜 기본구조 핵심포인트

CEO플랜의 경우 통상 계약자 및 수익자는 법인, 피보험자는 대표이사(임원 포함)로 설정한 이후 대표이사 퇴직시점에 맞추어 계약자 및 수익자를 피보험자로 변경하면서 퇴직금 처리를 하게 됩니다. 만약 배우자가 해당 법인의 임원으로 등재되어 있다면 피보험자가 아닌 대표이사의 배우자 명의로 변경하면서 해당 임원에 대한 퇴직금으로 처리 가능하며, 이런 경우 추후 대표이사 사망으로 인한 보험금을 상속세 부담 없이 배우자가 수령할 수 있는 장점이 있습니다.

23

CEO플랜 계약자 및 수익자 설정 방법

👆 1 개요

계약자는 보험료를 납입하는 주체에 해당되고 수익자는 보험금을 수령하는 주체에 해당되는 것으로 만기환급금 수익자, 사망보험금 수익자, 사망보험금 외 수익자로 구분될 수 있습니다. 원칙적으로 계약자와 수익자가 일치되는 경우 소득세 및 증여세 과세문제가 발생하지 않게 됩니다.

CEO플랜의 계약자 및 수익자 지정에 따라 세무회계상 처리가 달라지게 되는데, 구체적인 내용은 아래와 같습니다.

👆 2 계약자(법인)·피보험자(임원)·수익자(법인)

구분	내용
보험료 납입시점 세무처리	• 적립보험료: 자산 처리(장기금융상품 계정) • 소멸보험료: 손금 처리(보험료 계정)
납입보험료 근로소득세 과세 여부	임원에게 근로소득세 과세되지 아니함.

보험료를 납입하는 계약자와 보험금을 수령하는 수익자 모두 법인으로 일치되는 계약 형태이며, 법인에서는 납입한 보험료 상당액에 대하여 해당 계약의 만기 또는 중도 해지시점에서 환급금 상당액을 수령하거나 보험기간 중 질병·사고·사망 등 보험사고로 인한 보험금을 수령하는 구조입니다.

당해 보험료를 납부하는 법인에서는 납입보험료 중 보장(위험)보험료 및 사업비 (부가보험료)를 합한 소멸되는 보험료 상당액을 장부상 비용처리하고, 세무상 으로도 손금으로 인정되어 법인세 절세효과가 발생하게 됩니다.

법인에서 납입하는 보험료 중 적립보험료 상당액은 장기금융상품으로 자산 처리한 이후 만기시점에서의 만기환급금 또는 중도해지에 따라 해지환급금과 상계 처리되고, 상계 과정에서 발생한 차액은 보험차익 또는 보험차손으로 처리 됩니다.

당해 계약의 계약자 및 수익자 모두가 법인이고 임원은 피보험자에 불과하므로, 보험료 납부시점 또는 만기시점에서 근로소득 과세문제는 발생하지 않습니다.

3️⃣ 계약자(법인)·피보험자(임원)·수익자(임원)

구분	내용
보험료 납입시점 세무처리	납입보험료 전체금액을 급여로 보아 손금 처리 (단, 임원보수 한도 초과금액은 손금부인)
납입보험료 근로소득세 과세 여부	급여 수령으로 보아 근로소득세 과세

보험료는 계약자인 법인이 납입하고 보험금은 수익자인 임원이 수령하는 계약 형태로, 보험료 납입주체와 보험금 수령주체가 상이함에 따라 세금문제가 발생 하게 됩니다. 즉, 임원 입장에서는 법인이 납입한 보험료 상당액만큼 급여를 수령한 효과가 발생하게 되므로 보험료 납입시점에서 근로소득세가 과세됩니다.

해당 법인은 납입보험료 전체금액을 급여로 비용처리하고 전액 세무상 손금 처리함으로써 법인세 절세효과가 발생하게 됩니다. 만약 임원보수 한도를 초과하여 법인에서 보험료를 납입하게 된다면 당해 한도 초과금액은 법인세 계산시 손금부인되고 임원에게 상여 처분될 수 있으니 주의가 필요합니다.

4 계약자(법인)·피보험자(임원)·수익자(법인 및 임원)

계약자는 법인, 피보험자는 임원으로 설정하고 수익자에 대해서는 사망보험금 및 만기환급금 수익자는 법인으로 하고 사망 외 보험금(예 진단비, 각종 수술비, 입원일당 등 생존담보를 보장하기 위한 보험금)에 대한 수익자만 임원으로 설정하는 경우 구체적인 처리는 아래와 같습니다.

구분	내용
보험료 납입시점 세무처리	수익자가 법인으로 지정된 보험료 중 적립보험료 상당액은 장기금융상품으로 자산 처리하고, 소멸 보험료(위험보험료+사업비)는 법인의 손금 처리되며, 수익자가 임원으로 지정된 사망 이외 일반 보험료 상당액은 급여로 보아 손금 처리함.
납입보험료 근로소득세 과세 여부	전체 보험료 중 임원으로 수익자 지정된 보험료 상당액에 대해서는 임원에게 급여를 지급한 것으로 보아 근로소득 과세

통상 손해보험사에서 법인 CEO플랜을 제안하면서 암, 뇌혈관, 심혈관 진단비 및 수술비 등을 보장하기 위한 생존담보에 대한 보험금(통상 사망 외 보험금) 수익자를 피보험자인 임직원으로 설정하고 사망보험금 및 만기환급금 수익자는 법인으로 설정하는 경우가 있습니다.

전체 납입보험료 중 계약자 및 수익자가 모두 법인으로 설정된 사망보험금과 만기환급금에 상당하는 보험료의 경우 소멸보험료 상당액은 비용처리하고 적립보험료 상당액은 자산으로 처리하면 됩니다. 반면, 피보험자(임원)를 수익자로 지정한 사망 외 보험금에 상당하는 보험료에 대해서는 해당 임원에 대한 급여로 보아 전액 비용처리는 가능하나, 납입보험료 상당액에 대해서는 임원의 근로소득으로 과세됩니다. 만약 임원보수 한도를 초과하여 보험료를 납입하게 된다면 한도 초과금액은 법인세 계산 시 손금부인 됩니다.

간혹 수익자가 피보험자인 임원으로 지정된 계약에 대하여 세무상 손금부인 되는 것으로 오인하는 분들이 있는데, 상기와 같이 세무상 손금으로 인정받을 수 있지만, 보험료 납입시점부터 임원에게 근로소득으로 과세될 수 있다는 점에 주의하기 바랍니다.

한편, 수익자 일부는 법인으로, 일부는 임원으로 설정되어 있기 때문에 실무처리 과정에서 담당자 착오 및 실수 등으로 인하여 수익자가 임원으로 설정된 생존 담보를 보장하는 납입보험료에 대한 근로소득세 처리가 누락될 수도 있으니 주의해야 합니다.

 ### 계약자(법인) · 피보험자(종업원) · 수익자(종업원)

구분	내용
보험료 납입시점 세무처리	납입보험료 전체금액을 급여로 보아 손금 처리
납입보험료 근로소득세 과세 여부	근로소득세 과세(단, 연간 70만 원 한도 비과세)

보험료는 계약자인 법인이 납입하고 보험금은 수익자인 종업원이 수령하는 계약형태로, 보험료 납입주체와 보험금 수령주체가 상이함에 따라 세금문제가 발생하게 됩니다. 종업원 입장에서는 법인이 납입한 보험료 상당액만큼 급여를 수령한 효과가 발생하게 되므로 납입시점에서 근로소득세가 과세되나, 종업원의 사망, 상해 또는 질병을 보험금의 지급사유로 하고 종업원을 피보험자와 수익자로 하는 단체순수보장성보험 혹은 단체환급부보장성보험에 가입하는 경우 연간 70만 원 이내의 금액은 근로소득 비과세 처리합니다.

해당 법인은 납입보험료 전체금액을 급여로 처리하고, 전액 세무상 손금 처리함으로써 법인세 계산 시 법인세 절세효과가 발생하게 됩니다.

6️⃣ 일반적인 CEO플랜 계약 형태

CEO플랜의 기본구조는 계약자(법인)·피보험자(CEO)·수익자(법인)로 설정하게 되는데, 보험료 납입시점에서는 근로소득세 과세문제가 발생하지 않아야 합니다. 만약 수익자를 임원(대표이사 포함)으로 해서 보험료 납입시점부터 근로소득세가 과세된다면 고객 입장에서는 보험을 가입하는 대신 급여 형태로 현금성 자산을 수령하는 방안을 더욱 선호할 수 있기 때문에 CEO플랜 가입에 대한 장점이 사라질 수도 있게 됩니다.

CEO플랜 계약자, 수익자 지정에 대한 핵심포인트

KEY POINTS

계약자는 법인, 피보험자 및 수익자는 모두 임원으로 설정된 CEO플랜에 대하여 비용처리가 불가능한 것으로 잘못 알고 있는 경우가 많은데, 실제로는 법인에서 납입하는 보험료의 경우 비용처리는 가능하지만 납입시점부터 임원의 급여로 보아 근로소득세가 과세되기 때문에 계약자 및 수익자 모두 법인으로 지정해서 보험료 납입시점에서 근로소득세 과세문제가 발생되지 않도록 하는 것이 CEO플랜 기본구조에 해당됩니다.

24

CEO플랜에 대한 비용처리 방법

 법률적 근거

① 법인세법 제19조 규정

법인세법 제19조[손금의 범위]

① 손금은 자본 또는 출자의 환급, 잉여금의 처분 및 이 법에서 규정하는 것은 제외하고 해당 법인의 순자산을 감소시키는 거래로 인하여 발생하는 손비(損費)의 금액으로 한다.

② 제1항에 따른 손비는 이 법 및 다른 법률에서 달리 정하고 있는 것을 제외하고는 그 법인의 사업과 관련하여 발생하거나 지출된 손실 또는 비용으로서 일반적으로 인정되는 통상적인 것이거나 수익과 직접 관련된 것으로 한다.

법인세법상 손금으로 인정받기 위해서는 사업 관련성이 있어야 하고, 일반적으로 인정되는 통상적인 비용에 해당되어야 합니다. 만약 사회통념상 타당하다고 인정될 수 있는 범위를 벗어나 발생하거나 지출되는 비용은 법인세법상 손금으로 인정받기 어려울 수 있습니다.

....

* 심사청구(심사법인2006-0124, 2007. 5. 30.)에서 계약자와 수익자는 법인, 피보험자는 임원으로 한 종신보험에 대하여 연금전환 특약에 의하여 종신연금형으로 전환할 수 있는 대표이사 개인에 대한 일신 종속적인 종신보험에 해당한다는 이유로 손금부인한 사례가 있으니 대표이사(임원 포함)에 대한 보장성보험료 상당액이 업무와 관련이 없는 비용에 해당되지 않도록 주의가 필요합니다.

② 법인세법 기본통칙 19-19-9 규정

[장기손해보험계약에 관련된 보험료의 손금산입 범위]

보험기간 만료 후에 만기 반환금을 지급하겠다는 뜻의 약정이 있는 손해보험에 대한 보험료를 지급한 경우에는 그 지급한 보험료액 가운데 적립보험료에 상당하는 부분의 금액은 자산으로 하고 기타 부분의 금액은 이를 기간의 경과에 따라 손금에 산입한다.

상기 기본통칙을 근거로 계약자와 수익자는 법인, 피보험자는 임원(대표이사 포함)으로 하는 보장성보험에 가입한 경우 법인이 납입하는 보험료 중 만기환급금 상당액에 해당하는 적립보험료(저축보험료)는 자산으로 계상하고 소멸보험료에 해당하는 위험보험료(보장보험료) 및 부가보험료(통상 사업비)에 대해서는 기간 경과에 따라 손금산입하는 것으로 실무처리를 하고 있습니다.

2️⃣ 법인에서 가입한 보장성보험 손금산입 여부에 대한 국세청 유권해석

계약자와 수익자는 법인으로 하고 피보험자는 임원(대표이사 포함)으로 하는 만기환급금이 없는 보장성보험에 가입하고, 법인에서 납입하는 보험료에 대한 손금산입 여부에 대하여 아래 기획재정부 및 국세청 유권해석을 참고하여 처리해야 할 것입니다.

① 법규법인2013-397, 2013. 10. 24.

내국법인이 임원(대표이사 포함)을 피보험자로 하고 계약자와 수익자를 법인으로 하는 보장성보험에 가입한 경우, **법인이 납입한 보험료 중 만기환급금에 상당하는 보험료 상당액은 자산으로 계상하고 기타의 부분은 이를 보험기간의 경과에 따라 손금에 산입하는 것**이나, 귀 세법해석 사전답변 신청내용과 같이 임원의 정년퇴직 후의 기간까지를 보험기간으로 하고 만기환급금이 없는 종신보험상품을 계약한 내국법인이 피보험자인 임원의 정년퇴직시점에는 고용관계가 해제됨에 따라 해당

보험계약을 해지할 것으로 사회통념 및 건전한 상관행에 비추어 인정되는 경우에는 납입보험료 중 정년퇴직 시의 해약환급금에 상당하는 적립보험료 상당액은 자산으로 계상하고, 기타의 부분은 손금에 산입하는 것이며, 정년퇴직 전에 피보험자인 임원이 퇴직하여 해약하는 경우로서 지급받는 해약환급금과 자산으로 계상된 적립보험료 상당액과의 차액은 해약일이 속하는 사업연도의 소득금액 계산 시 익금 또는 손금에 산입하는 것입니다.

② 기획재정부 법인세제과-306, 2015. 4. 20.

내국법인이 퇴직기한이 정해지지 않아 퇴직시점을 예상할 수 없는 임원(대표이사 포함)을 피보험자로 하고 법인을 계약자와 수익자로 하는 보장성보험에 가입하여 사전에 해지환급금을 산정할 수 없는 경우, **법인이 납입한 보험료 중 만기환급금에 상당하는 보험료 상당액은 자산으로 계상하고, 기타의 부분은 이를 보험기간의 경과에 따라 손금에 산입하는 것입니다.**

③ 서면-2018-법인-1779, 2018. 7. 18.

내국법인이 대표이사를 피보험자로 하고 계약자와 수익자를 법인으로 하는 보장성보험에 가입한 경우, 법인이 납입한 보험료 중 만기환급금에 상당하는 보험료 상당액은 자산으로 계상하고 기타의 부분은 이를 보험기간의 경과에 따라 손금에 산입하는 것으로 피보험자인 **대표이사의 퇴직기한이 정해지지 않아 사전에 해지환급금을 산정할 수 없어 만기환급금에 상당하는 보험료 상당액이 없는 경우**에는 내국법인이 납입한 해당 보험료를 보험기간의 경과에 따라 손금에 산입하는 것이며, 상기 보장성보험의 해약으로 지급받는 해약환급금은 해약일이 속하는 사업연도의 소득금액 계산 시 익금에 산입하는 것입니다.

④ 상기 유권해석에 대한 해석

법인이 임원을 피보험자로 하고 법인을 계약자와 수익자로 하는 보장성보험에 가입한 경우, 당해 보험료 손금산입 여부에 대하여 2013년 국세청 유권해석 및 2015년 기획재정부 유권해석에서는 만기환급금 또는 해약환급금에 상당하는 보험료 상당액은 자산으로 계상하고, 기타의 부분은 보험기간의 경과에 따라 손금에 산입하는 것으로 일관되게 해석하였습니다.

하지만 2018년 국세청 유권해석에서는 피보험자인 대표이사의 퇴직기한이 정해지지 않아 사전에 해지환급금을 산정할 수 없어 만기환급금에 상당하는 보험료 상당액이 없는 경우, 납입한 해당 보험료를 보험기간의 경과에 따라 손금에 산입하는 것으로 기존과는 다른 입장을 표명하게 됩니다. 아마도 2018년 8월 대법원에서의 경영인정기보험에 대한 판결 영향을 받은 것으로 보이며, 이후 경영인정기보험에 대한 손금산입과 관련된 질의에 대하여 국세청에서는 상기 유권해석을 근거로 일관된 해석을 하고 있습니다.

☞ 경영인정기보험과 관련된 법원 판결 내용

아래와 같이 쟁점 사건에 대한 판결 내용은 만기환급금이 없는 경영인정기 보험에 대한 보험료 손금산입 여부를 판단하는데 중요한 참고 자료에 해당하기 때문에 자세한 검토가 필요합니다.

---

* 경영인정기보험 가입내역
- 납입기간 5년 6개월, 납입보험료 368,585,040원
- 가입 당시 보험사 설계사는 매년 전액 손금처리가 가능하다고 설명
- 해당 법인은 설계사 설명대로 매년 전액 손금처리하여 법인세 신고
- 해당 법인은 보험사 상대로 해약손실금 53,603,943원의 손해배상 소송 제기

상기 사건의 쟁점은 만기환급금이 없는 보장성보험 보험료에 대한 손금산입 여부가 아니라, 보험계약 체결에 있어서의 고객보호의무 내지 설명의무 위반에 해당되는지 여부라는 사실은 염두에 두어야 할 것입니다.

1심 지방법원에서는 보험료 납부액 중 해약환급금 상당액은 자산의 성격을 가지므로, 이 사건 보험료 전액이 손금에 산입된다고 볼 수 없다고 판결하였으나, 2심 고등법원에서는 해지 시점이 예정되어 있지 않고, 해약환급금이 최고 시점 이후로는 점차 감소하다가 결국 소멸하는 점 등을 사유로 납입보험료 전액은 해당 납입연도에 바로 손금으로 처리하는 것이 가능하다는 판결을 내리게 됩니다.

최종 대법원에서는 고등법원 판결 내용을 인용하는 판결을 내리게 되는데, 구체적인 법원의 판결 내용은 아래와 같습니다.

(1) 서울중앙지방법원 2014. 8. 29. 선고 2013가합86279 판결

① 이 사건 보험계약에 의하면, 보험계약의 경과기간별로 해약환급금 및 환급률이 기재되어 있는데, 제1보험계약의 경우 1년 경과 시 환급률 44.2%, 5년 경과 시 환급률 82.1%, 15년 경과 시 환급률 102.9% 등으로 특정되어 있어 이러한 내용의 해약환급금은 각 사업연도에 해약할 경우 환급받을 것이 확실히 예정되어 있다는 점에서 미래에 기대되는 경제적 효익이 신뢰성 있게 화폐단위로 측정될 수 있는 정도에 이른 것으로 볼 수 있다.

② 순수보장성보험은 보험료의 납입에 의하여 적립되는 부분이 없어 자산성이 없으므로 비용처리할 수 있으나, 이 사건 보험은 순수보장성보험과 달리 해약환급금이 기간별로 정해져 있어 해약환급금 상당액에 해당하는 보험료는 환급받을 것이 신뢰성 있게 예정되어 있고, 가입 후 약 15년이 지난 때부터는 납입보험료를 초과하는 금액을 환급받을 수 있는 등 저축성보험의 성질도 겸유하고 있으며, 실제로 피고 B은 보험 가입 권유 시 해약환급률이 점차적으로 증가하고, 금융소득 종합과세 대상에서 제외된다는 정보를

제공하였다.

③ 법인이 피보험자를 임원, 수익자를 법인으로 하여 보장성보험과 저축성 보험에 가입한 경우 법인이 납입한 보험료 중 만기환급금에 상당하는 보험료 상당액은 회계상 자산으로 계상하고, 기타 부분은 이를 보험기간의 경과에 따라 손금에 산입해야 하는바, **반환이 보장된 해약환급금은 만기환급금과 마찬가지로 적립이 이루어져 환급받을 것이 신뢰성 있게 예정되어 있으므로 만기환급금에 준하여 취급함이** 상당하다.

이 사건에 관하여 보건대, 위 각 증거에 변론 전체의 취지를 종합하여 인정 되는 다음과 같은 점을 종합하여 보면, **보험료 납부액 중 해약환급금 상당 액은 자산의 성격을 가지므로, 이 사건 보험료 전액이 손금에 산입된다고 볼 수 없다**(대법원 2010. 1. 14. 선고 2009다57521 판결 참조).

(2) 서울고등법원 2015. 8. 21. 선고 2014나47797 판결

① 이 사건 보험금은 **만기환급금이 없는 정기생명보험으로서 순수보장성보험에 해당하는 점**

② 비록 이 사건 보험이 해약환급금은 인정되고 그 비율 또한 보험기간의 경과 별로 정하여져 있기는 하나, 해약환급금이 보험기간 중 계속하여 적립되는 것이 아니라 보험기간 중 일정한 시점까지는 적립되다가 그 이후부터는 점차 감소하여 만기에는 해약환급금이 0원이 되는, 다시 말하면 **해약환급률이 최고인 시점까지 해지를 해야만 누적된 해약환급금의 지급 가능성이 100% 확실할 뿐 해약환급률이 최고인 시점까지 해지를 하지 않은 경우에는** 그 이후부터 누적된 해약환급금이 점차적으로 감소하다가 결국 소멸하는 구조로 되어 있고, 그에 따라 이 사건 보험의 보험료는 **만기환급금이 존재 하는 종신보험의 보험료에 비하여 상대적으로 매우 저렴한 금액으로 되어 있는 점**

③ 특히 이 사건 보험계약의 피보험자인 C, D, E는 원고의 대표이사를 번갈아 가며 맡아오고 있는 원고의 임원으로서 그 정년 또한 전혀 정하여져 있지 아니하여, 장차 이 사건 보험계약이 중도에 해지될 것인지 여부, 중도에 해지된다면 어느 시점에 해지될 것인지가 확실하게 예정되어 있다고 보기 힘든 점 등에 비추어 볼 때, 이 사건 보험의 경우 **납입보험료 전액이 비용의 성질을 가지고 있다고 보는 것이 타당하지, 그중 해약환급금 상당액만큼은 비용이 아니라 자산의 성질을 가지고 있다고 보는 것은 타당하다고 보기 어렵다.**

따라서 이 사건 보험계약에 따라 납입한 보험료 전액은 해당 납입연도에 바로 손금으로 처리하는 것이 가능하다 할 것이다.

(3) 대법원 2018. 8. 30. 선고 2015다56147 판결

• 원심은, 원고가 피고 B이 설명한 대로 납입한 보험료 전액을 손금으로 처리하였고, 이에 대하여 **세무처리가 잘못되었다는 이유로 과세처분을 받은 적도 없다는 등의 사정을 들어 피고 B에게 설명의무 위반이 있었다고 인정하기 어렵다고 판단하였다.**

원심판결 이유를 관련 법리와 기록에 비추어 살펴보면, 원심의 위와 같은 판단은 수긍할 수 있고, 거기에 논리와 경험의 법칙을 위반하여 자유심증주의의 한계를 벗어나거나, **보험계약 체결에 있어서의 고객보호의무 내지 설명의무 등에 관한 법리를 오해한 잘못이 없다.**

(4) 대법원 판결의 의미

만기환급금이 없는 보장성보험 보험료 전액을 손금에 산입해야 하는지 여부에 대한 직접적인 판결은 아니지만, 고등법원에서 제시한 순수보장성보험의 보험료는 납입연도에 전액 손금으로 보는 것이 타당하다는 의견을 그대로 유지했다는 점에서 대법원도 동일한 입장을 취한 것으로 볼 수 있습니다.

또한 대법원 판결과 비슷한 시기의 국세청 유권해석(서면-2018-법인-1779, 2018. 7. 18.)에서도 만기환급금 없는 보장성보험에 대해 납입보험료 전액을 손금에 산입하는 것으로 입장을 변경한 점을 고려해 볼 때 법인에서 만기환급금이 없는 보장성보험에 대한 보험료 전액을 비용처리하는 경우 이에 대해 국세청에서 손금부인 하기에는 어려울 것으로 판단됩니다.

하지만 경영인정기보험 상품 구조상 특정 시점에서의 해지환급금이 납입보험료를 초과하게 되고, 특정 시점에서 계약 해지를 통해 해지환급금 상당액을 수령할 것이 당해 보험계약 체결 시점에서부터 신뢰성 있게 예정되어 있으므로 납입보험료 전액을 손금에 산입하는 것으로 타당치 않다는 주장도 일부 있습니다.

따라서 2018년 국세청 유권해석 및 경영인정기보험에 대한 대법원 판례를 근거로 무조건 만기환급금 없는 보장성보험에 대하여 납입보험료 전액을 손금에 산입하는 것은 세무상 전혀 문제가 없다고 단정하기보다는 당해 유권해석 및 판례 내용을 참고하면서 제반사정 등을 함께 종합적으로 고려해서 세무상 손금처리 여부를 판정하는 것이 타당할 것입니다. 이러한 해석상 논쟁으로 인해 구체적인 손금산입 방법, 범위 및 시기 등에 대하여 입법적 보완을 통해 구체적이고 명확한 규정 마련이 필요할 것입니다.

4 단기납 보장성보험에 대한 비용처리

상기에서 언급된 계약자와 수익자는 법인으로 하고 피보험자는 임원으로 하는 보장성보험에 대한 세무상 비용처리 관련 유권해석은 대부분 생명보험회사에서 취급하고 있는 종신보험 및 경영인정기보험과 같이 전기납 또는 90세납 상품에 대한 과세관청의 해석으로 납입기간이 상대적으로 짧은 5년 또는 10년간 납입하고 90세 또는 100세까지 보장받는 상품, 즉 납입기간과 보장기간에 차이가 발생하는 상품에 대한 비용처리 방법에 대해서는 현재까지 참고할 만한 유권해석은 없는 상황이기 때문에 반드시 세무전문가와 충분한 협의를 통해 손금처리하기 바랍니다.

....

* 법인세법상 손익의 인식기준은 권리의무확정주의입니다. 만약 보험료를 일시납 또는 선납하게 된다면 수익비용대응원칙에 따라 보장기간 동안 당해 보험료를 안분 계산하여 손금으로 인식해야 할 것입니다. 즉, 보장기간과 납입기간을 동일하게 설정해서 납입하는 보험료에 한하여 전액 손금처리 가능하다는 세무전문가 의견도 다수 있으니 주의하기 바랍니다.

※ 손익의 귀속시기

기업회계에서는 손익의 귀속시기에 관하여 발생주의를 채택하고 있는 것으로, 수익은 실현주의원칙에 따라 인식하고 이에 대응하는 비용을 발생주의원칙에 따라 인식하며 수익비용대응원칙에 따라 기간손익을 산정하여 인식하고 있습니다.

반면, 법인세법에서는 권리의무확정주의를 채택하고 있는데, 기업 스스로 각 사업연도 소득의 귀속시기를 자유롭게 조절할 수 있도록 허용한다면 법인세 부담의 조작 및 회사 간 과세의 불공평 등과 같은 많은 문제가 야기될 수 있기 때문에 과세소득계산의 공평을 기하기 위하여 당해 익금과 손금이 확정된 시점에서 손익을 인식하도록 규정하고 있습니다.

법인이 익금과 손금의 귀속사업연도에 관하여 일반적으로 공정·타당하다고 인정되는 기업회계의 기준이나 관행을 계속적으로 적용하여 온 경우로서 세법에서 달리 규정하고 있는 경우를 제외하고는 당해 기업회계의 기준 또는 관행에 따를 수 있도록 규정하고 있습니다.

CEO플랜 비용처리 관련 핵심포인트

KEY POINTS

통상 계약자 및 수익자는 법인으로 설정된 CEO플랜의 구조적 특징으로 인하여 보험료 납입시점에서 비용처리는 가능하지만 통상 보험기간 중 해지에 따른 해약환급금을 수령하는 시점에서는 해당 법인의 이익으로 계상됨에 따라 결국 법인 입장에서는 CEO플랜을 통해 절세효과보다는 과세이연효과가 발생한다고 볼 수 있습니다.

5 손익 왜곡 방지를 위한 방법

상기 유권해석 및 법원 판단을 토대로 법인에서 가입한 경영인정기보험에 대한 납입보험료 전체금액을 손금에 산입한다면 보험의 해약으로 지급받는 해약 환급금 전체금액이 당해 해약일이 속하는 사업연도의 소득금액 계산 시 한꺼번에 익금에 산입되어 일시적으로 법인세 부담이 커지는 상황이 발생할 수 있습니다.

이런 보험계약 해약으로 인한 손익 왜곡을 방지하기 위해서는 해당 법인에서 해약일이 속하는 사업연도의 사업용 자산 등을 취득하거나 업무 관련 지출을 늘리는 방법 등을 사용하게 됩니다.

결국 CEO플랜 가입을 통한 보험료 납입, 중도 해지 및 만기로 인한 보험금 수령에 대하여 전체 기간으로 고려해볼 때 보험료 납입시점에서 손금처리는 가능할 수 있으나, 중도 해지에 따른 해약환급금 및 만기환급금을 수령하는 시점에서 이익으로 계상됨에 따라 CEO플랜 가입에 따른 절세효과보다 과세이연효과가 발생한 것으로 볼 수 있습니다.

25

CEO플랜에 대한 평가 방법

계약자 및 수익자는 법인으로 하고 피보험자는 대표이사(임원 포함)로 하는 보장성보험을 가입하고, 당해 계약자 및 수익자를 법인에서 대표이사로 변경하는 경우 그 변경 시점에서의 보장성보험을 어떤 가액으로 평가해야 하는지 관련하여 현행 세법에서는 명확하게 규정하고 있지 않습니다. 이에 따라 해석상 논란이 발생되고 있는데, 구체적인 내용은 아래와 같습니다.

1 특수관계자 간 거래로 인한 시가 평가

당해 보장성보험에 대한 계약자 및 수익자를 대표이사로 변경하는 경우 법인의 대표이사는 해당 법인과 법인세법 시행령 제87조의 특수관계자에 해당되므로 법인세법상 시가로 거래해야 하는데, 법인세법상 시가는 건전한 사회통념 및 상관행과 특수관계자가 아닌 자 간의 정상적인 거래에서 적용되거나 적용될 것으로 판단되는 가격(법인세법 제52조 제2항)을 말합니다.

따라서 당해 보험계약의 시가는 해당 거래와 유사한 상황에서 해당 법인이 특수관계인 외의 불특정 다수인과 계속적으로 거래한 가격 또는 특수관계인이 아닌 제3자간에 일반적으로 거래된 가격이 있는 경우에는 그 가격을 적용하지만, 만약 시가가 불분명한 경우에는 ① 감정평가법인이 감정한 가액, ② 상속세 및 증여세법에 따른 보충적 평가 방법에 따른 평가액을 차례로 적용하게 됩니다.

☞ 보장성보험 평가와 관련된 유권해석 내용

일부 국세청 유권해석(서면인터넷방문상담1팀-80, 2007. 1. 12.)에서는 만기환급금이 없는 종신보험에 대하여 계약자 및 수익자 변경 시 이미 불입한 보험료 상당액으로 평가하는 것으로 해석하고 있으나, 당해 보험기간 경과에 따라 소멸되는 위험보험료(소멸보험료)까지 포함된 기 불입한 보험료로 평가하는 것은 건전한 사회통념 및 상관행과 특수관계자가 아닌 자 간의 정상적인 거래에서 적용되거나 적용될 것으로 판단되는 가격을 기준으로 산정하도록 규정한 법인세법 제52조 제2항에 비추어 합리적인 평가금액으로 보기에는 어려울 것입니다.

서면인터넷방문상담1팀-80, 2007. 1. 12.

법인을 계약자와 수익자로 하고, 임원을 피보험자로 하는 만기환급금이 없는 종신보험에 가입하여 보험료를 불입하여 오던 중 계약자 및 수익자를 그 임원으로 변경하는 경우 동 법인이 기불입한 보험료 상당액은 임원의 근로소득에 해당하는 것임.

서면1팀-309, 2004. 3. 2.

법인이 당해 법인을 계약자와 수익자로 하고, 임원을 피보험자로 하는 만기환급금이 없는 종신보험에 가입하여 보험료를 불입하여 오던 중 당해 임원의 퇴직 등의 사유로 그 보험계약의 계약자 및 수익자를 그 임원으로 변경하는 경우 동 법인이 보험계약에 따라 기불입한 보험료 상당액은 그 임원의 근로소득에 해당하는 것이며, 동 근로소득의 수입시기 및 지급시기는 당해 보험계약의 계약자 및 수익자가 임원으로 변경되는 날로 하는 것임.

한편, 저축성보험에 대한 평가 관련 유권해석(법인세과-640, 2009. 5. 28.) 및 피상속인에게 귀속되는 보험금을 지급받을 수 있는 권리가액에 대한 평가 관련 유권해석(서면인터넷방문상담4팀-902, 2008. 4. 4.) 등을 참고하여 ① 기불입 보험료, ② 기불입 보험료에 이자상당액을 가산한 금액, ③ 해약환급금 중 가장 큰 금액으로 평가하는 것이 세무상 안정적인 평가 방법이라는 보수적

견해를 제시하는 세무전문가들도 있습니다.

 ## 경제적 합리성을 반영한 평가 방법

당해 보장성보험의 상품 특성상 저축성보험과는 달리 보험기간 경과에 따라 납입원금에 이자상당액이 더해져서 계속적으로 늘어나는 구조는 아니며, 계약 체결 당시부터 특정시점까지는 해지환급금이 증가하는 반면, 특정시점 이후로는 계속 감소하다가 결국 소멸되는 상품구조로 인해 불입한 보험료 합계액에 이자상당액을 더한 금액으로 평가하는 것은 타당치 아니합니다.

반면, 평가기준일 현재 해지환급금 기준으로 평가하는 것이 경제적 합리성을 결여하지 않는 수준에서 타당한 평가 방법인 것으로 주장하는 세무전문가들도 있으나, 일부 보장성보험 상품에서 납입기간 중에는 해지환급금이 없거나 상당히 낮은 수준으로 있다가 특정시점(통상 납입기간 종료시점) 이후 해지환급금이 회복되는 특징을 가지고 있는 상품(실부상 무해지 또는 저해지 상품으로 언급되고 있음)의 경우 만약 해지환급금이 없거나 낮은 수준인 시점에서 명의를 변경하고, 그 당시 해지환급금 기준으로 평가를 하게 된다면 당해 평가금액은 보험계약의 경제적 교환 가치를 합리적으로 반영한 세무상 시가로 보기에는 어려움이 있습니다.

결국에는 계약자 및 수익자 변경시점에서 당해 보험계약의 평가금액은 건전한 사회통념 및 상관행에 비추어 합리성을 결여하지 않으면서 보편타당하게 적용될 수 있어야 하고, 특수관계자가 아닌 자 간의 정상적인 거래에서 적용될 수 있는 경제적 교환가치를 합리적으로 반영한 가액에 해당되어야 세무상 시가로 인정받을 수 있을 것입니다.

 ## 입법적 보완 필요성

많은 중소법인들이 계약자 및 수익자를 법인으로 하고, 피보험자는 대표이사 (임원 포함)로 하는 CEO플랜을 가입하고 있는 상황입니다. 대부분 피보험자인 대표이사 퇴직시점에서 해당 보험계약의 계약자 및 수익자를 법인에서 개인으로 변경하도록 안내하고 있지만, 당해 계약자 및 수익자 변경시점에서 보험계약의 평가와 관련된 세법상 규정이 없어 해석상 논란이 발생하고 있습니다. 당해 보험 계약의 명의변경 시점에서 건전한 사회통념 및 상관행과 특수관계자가 아닌 자 간의 정상적인 거래에서 적용될 수 있는 경제적 교환가치를 합리적으로 반영한 가액으로 평가될 수 있도록 명확한 법률적 기준이 제시되어야 할 것입니다.

CEO플랜 평가 관련 핵심포인트

KEY POINTS

CEO플랜에 대한 계약자 및 수익자를 법인에서 CEO명의로 변경하는 과정에서 해당 보험계약 평가에 대하여 ① 기불입 보험료, ② 기불입 보험료에 이자상당액을 가산한 금액, ③ 해약환급금 중 가장 큰 금액으로 평가하는 것이 세무상 안정적인 방법이라 는 견해가 다수 있지만, 건전한 사회통념 및 상관행과 특수관계자가 아닌 자 간의 정 상적인 거래에서 적용될 수 있는 경제적 교환가치를 합리적으로 반영한 가액으로 평 가될 수 있도록 명확한 법률적 평가 방법이 조속히 마련되어야 할 것입니다.

26

업무상 부상 등으로 지급받는
위로금에 대한 처리 방법

1️⃣ 개요

근로자나 유가족 등이 법인으로부터 부상·질병 또는 사망 등의 사유로 지급받은 위로금 등에 대해서는 업무 관련성 여부에 따라 소득세 및 상속세 과세 여부가 달라지게 되며 이를 지급하는 법인에서도 일정한 요건을 충족하는 경우 세무상 손금으로 인정해 주고 있는데, 구체적인 내용은 아래와 같습니다.

2️⃣ 소득세 처리 내용

소득세법 제12조 제3호에서 근로의 제공으로 인한 부상·질병·사망과 관련하여 근로자나 그 유족이 받는 배상·보상 또는 위자의 성질이 있는 급여에 대해서는 근로소득세 비과세되는 것으로 규정하고 있습니다. 이에 따라 근로의 제공과는 무관하게 업무 외의 사유로 인한 부상·질병·사망 등으로 지급받는 보상금은 소득세가 과세되는 것입니다.

여기서 주의해야 할 점은 소득세법을 적용함에 있어 근로자의 범위에 임원이 포함된다는 사실입니다.

☞ 상속세 처리 내용

근로자의 업무상 사망으로 인하여 근로기준법 등을 준용하여 사업자가 그 근로자의 유족에게 지급하는 유족보상금 또는 재해보상금과 그 밖에 이와 유사한 것은 상속재산으로 보지 않도록 규정하고 있습니다. 소득세와 마찬가지로 근로의 제공과는 무관한 업무 외의 사유로 사망하여 근로자의 유가족에게 지급되는 보상금에 대해서는 상속세가 과세되는 것입니다.

상속세 및 증여세법 제10조(상속재산으로 보는 퇴직금 등)
피상속인에게 지급될 퇴직금, 퇴직수당, 공로금, 연금 또는 이와 유사한 것이 피상속인의 사망으로 인하여 지급되는 경우 그 금액은 상속재산으로 본다. 다만, 다음 각 호의 어느 하나에 해당하는 것은 상속재산으로 보지 아니한다.
  5. 근로자의 업무상 사망으로 인하여 「근로기준법」 등을 준용하여 사업자가 그 근로자의 유족에게 지급하는 유족보상금 또는 재해보상금과 그 밖에 이와 유사한 것

상속세 및 증여세법에서는 소득세법과는 달리 근로자의 범위에 임원이 포함되는지 여부에 대한 명확한 규정이 없는데, 실질적인 업무집행권을 갖는 임원(대표이사 포함)의 경우에는 근로기준법상 근로자에 해당하지 아니하여 법인의 정관 규정에 따라 유족보상금을 지급한다 하더라도 상속세 비과세 규정이 적용되지 않는 것으로 과세당국에서는 해석하고 있습니다.

국세청 유권해석(재산세과-166, 2011. 3. 30.)에서 근로자의 유족에게 지급하는 유족보상금 등에 대하여 상속재산 해당 여부를 판정하는데 있어, 근로기준법상 근로자 해당 여부를 구체적으로 확인하여 판단할 사항이라고 해석하고 있는 점을 고려해볼 때 과세관청에서는 근로기준법상 근로자에 해당하지 아니하는 실질 임원의 유가족들이 수령하는 유족보상금 등에 대해서는 상속재산에 포함되어야 한다는 입장입니다.

○ 임직원 사망으로 인해 지급받은 위로금에 대한 세무상 처리

구분	세목	근로자	임원
업무상 사망	법인세	손금산입	손금산입
	소득세	비과세	비과세
	상속세	비과세	과세
업무 외 사망	손금 여부	손금산입	손금산입
	소득세	과세(퇴직소득)	과세(퇴직소득)
	상속세	과세	과세

* 법인의 업무수행과정에서 얻은 질병을 원인으로 사망하여 그 유족에게 지급하는 위로금의 경우 당해 법인이 부담해야 할 금액이 객관적이고 합리적인 기준에 따라 지급된 것으로 사회통념상 적정하다고 인정되는 범위 내의 경우에는 손금에 산입하는 것임(같은 뜻: 서이46012-11959, 2002. 10. 28.).

4️⃣ 법인세 처리 내용

① 일반적인 부상·질병·사망 관련 위로금에 대한 처리

근로의 제공으로 인한 부상·질병·사망과 관련하여 근로자 또는 그 유족에게 지급하는 보상금 및 위로금 등에 대해서는 사회통념상 타당하다고 인정되는 범위 내에서 손금에 산입할 수 있습니다.

② 임원 순직에 대한 위로금

법인이 임원(지배주주 등인 임원 포함)의 순직과 관련하여 지급하는 장례비나 위로금 등으로서 사회통념상 타당하다고 인정되는 범위 내의 금액은 각 사업연도 소득금액을 계산할 때 손금에 산입할 수 있습니다.

여기서 사회통념상 타당하다고 인정되는 범위 내의 금액인지 여부는 산업재해 보상보험법, 근로기준법 등에서 정하는 장례비 등의 지급기준 및 회사사규의 내용, 정관, 유족보상금 지급규정, 유족보상 내용, 법인의 지급능력, 지배주주인 임원 등의 직위·연봉 등을 종합적으로 고려하여 판단할 사항입니다.

> **법인세법 시행령 제45조(복리후생비의 손금불산입)**
> ① 법인이 그 임원 또는 직원을 위하여 지출한 복리후생비 중 다음 각 호의 어느 하나에 해당하는 비용 외의 비용은 손금에 산입하지 아니한다.
>
>   8. 그 밖에 임원 또는 직원에게 사회통념상 타당하다고 인정되는 범위에서 지급하는 경조사비 등 제1호부터 제7호까지의 비용과 유사한 비용
>
> **법인세법 기본통칙 19-19…13 [임원의 순직으로 지급된 장례비등의 손금산입]**
> 임원의 순직과 관련하여 지급하는 장례비나 위로금 등으로서 사회통념상 타당하다고 인정되는 범위 안의 금액은 이를 당해 사업연도의 손금에 산입할 수 있다.

③ 법인 임원 또는 직원의 사망 이후 유가족에게 지급하는 위로금

임원 또는 직원의 사망 이후 유족에게 학자금 등 일시적으로 지급하는 금액으로서 사망 전 법인 정관이나, 주주총회·사원총회 또는 이사회의 결의에 의하여 결정되어 임원 또는 직원에게 공통적으로 적용되는 지급기준에 따라 지급되는 금액은 손금에 산입합니다. 당해 사망의 사유에는 업무상 재해나 질병으로 인한 것이 아닌 경우도 포함하는 것이나, 임원 또는 직원에는 법인세법 시행령 제43조 제7항에 따른 지배주주등인 자*는 제외됩니다.

* 법인세법 시행령 제43조(상여금 등의 손금불산입) ⑦ 제3항에서 "지배주주등"이란 법인의 발행주식총수 또는 출자총액의 100분의 1 이상의 주식 또는 출자지분을 소유한 주주등으로서 그와 특수관계에 있는 자와의 소유 주식 또는 출자지분의 합계가 해당 법인의 주주등 중 가장 많은 경우의 해당 주주등 (이하 "지배주주등"이라 한다)을 말한다.

종전에는 법인의 임원 또는 사용인 사망 이후에는 근로자로 인정되지 아니하여 그 유가족에게 지급하는 학자금 등에 대해 손금으로 인정되지 않았는데, 당해 유가족에 대한 생활보조지원 목적으로 사용인 임원(지배주주등 제외) 사망 이후 유가족에게 학자금 등 일시적으로 지급하는 금액에 대해서도 손금산입을 허용한 것입니다.

5 CEO플랜 가입 이후 법인에서 수령하는 보험금에 대한 처리

계약자 및 수익자는 법인으로 하고 피보험자는 임원(대표이사 포함)으로 하는 CEO플랜을 가입하고 당해 임원의 부상·질병·사망 등을 원인으로 보험회사로부터 수익자인 법인이 보험금을 수령하고 이를 다시 보상금 및 위로금 등의 명목으로 피보험자인 임원에게 지급하는 경우 처리는 아래와 같습니다.

① 법인에서 보험금 수령 및 지급에 따른 처리

법인에서 피보험자인 임원의 부상·질병·사망 등을 원인으로 보험회사로부터 수령하는 보험금은 각 사업연도 소득금액 계산 시 익금에 산입합니다. 통상 법인

에서 수령한 당해 보험금은 피보험자인 임직원 또는 그 유족에게 지급하게 되는데, 이런 경우 내국법인에서 임직원 등에게 지급하는 보험금 상당액이 사회통념상 타당하다고 인정되는 범위 내의 금액에 해당된다면 손금으로 인정될 것입니다.

② 소득세 및 상속세 과세 여부

임원 또는 그 유족들이 해당 법인에서 가입한 CEO플랜(보험계약)에서 수령한 보험금을 법인으로부터 지급받는 경우 근무기간 중 업무와 관련하여 발생한 부상·질병·사망 등으로 인한 위로금 등은 소득세 비과세되지만 업무와 관련성이 없는 경우에는 소득세가 과세됩니다. 상속세도 업무 관련성 여부에 따라 처리되는 것으로, 다만 근로기준법상 근로자에 포함되지 않는 실질 임원의 유족들이 수령하는 유족보상금에 대해서는 상속재산에 포함되어야 한다는 것이 국세청의 입장입니다.

업무상 부상 등으로 지급받는 위로금 핵심포인트
KEY POINTS

원칙적으로 업무상 부상 등으로 임직원이 지급받게 되는 위로금에 대하여 소득세는 비과세되나, 상속세의 경우 근로기준법상 근로자에 포함되지 아니하는 임원에 대해서는 상속세가 과세됩니다. 이와 같이 소득세 및 상속세에 있어 차이를 보이는 이유는 소득세법에서는 근로자의 범위에 임원을 포함하고 있지만 상속세는 그러하지 않기 때문입니다.

27

단체보험 세무회계 처리 방법

1 개요

단체보험은 계약자는 회사, 피보험자는 종업원, 수익자는 회사 또는 종업원으로 설정하고 피보험자인 종업원의 상해, 질병, 사망 등을 보장받기 위한 보험계약을 말하는 것으로 상법 제735조의3에서 단체보험에 대하여 단체가 규약에 따라 구성원의 전부 또는 일부를 피보험자로 하는 보험계약을 체결하는 것으로 규정하고 있으며, 소득세법 시행령 제17조의4에서는 단체순수보장성보험과 단체환급부보장성보험으로 단체보험의 종류를 구분하여 규정하고 있습니다.

단체보험은 업무와 관련된 산재사고 발생 시 회사에서 의무적으로 가입한 산재보험으로 처리되지 못한 부분을 보완하거나 근무시간 외 사고, 휴일 사고 등에 대하여 종업원에게 단체보험금 수령을 통하여 금전적 보상 및 위로금 지원 등의 목적으로 가입하게 됩니다.

법인에서 단체보험 납입에 따른 처리 방법

단체보험은 수익자 지정에 따라 세무회계상 처리가 달라지게 되는데 수익자를 종업원으로 지정한다면 납입보험료 전액은 손금 인정되지만, 해당 종업원에게 근로소득세가 과세됩니다. 다만, 소득세법 시행령 제38조 제1항 규정에 따라 종업원 복리후생 차원에서 연간 70만 원까지 단체보험에 대한 보험료는 비과세 됩니다.

수익자가 계약자인 법인으로 지정된 경우 납입보험료 중 소멸되는 보험료 상당액은 비용처리 되고, 만기환급금에 상당하는 보험료는 장기금융상품으로 자산처리됩니다.

구분	내용
수익자: 계약자(법인)	납입보험료 중 소멸보험료는 비용처리하고, 적립보험료는 자산처리함.
수익자: 종업원	납입보험료 전체금액을 급여로 보아 비용처리하고, 종업원에게 근로소득세 과세

* 단체보험 비과세: 소득세법 시행령 제17조의4

3. 종업원이 계약자이거나 종업원 또는 그 배우자 및 그 밖의 가족을 수익자로 하는 보험·신탁 또는 공제와 관련하여 사용자가 부담하는 보험료·신탁부금 또는 공제부금(이하 이 호에서 "보험료 등"이라 한다) 중 다음 각 목의 보험료 등
   가. 종업원의 사망·상해 또는 질병을 보험금의 지급사유로 하고 종업원을 피보험자와 수익자로 하는 보험으로서 만기에 납입보험료를 환급하지 않는 보험(이하 "단체순수보장성보험"이라 한다)과 만기에 납입보험료를 초과하지 않는 범위에서 환급하는 보험(이하 "단체환급부보장성보험"이라 한다)의 보험료 중 연 70만 원 이하의 금액
   나. 임직원의 고의(중과실을 포함한다) 외의 업무상 행위로 인한 손해의 배상청구를 보험금의 지급사유로 하고 임직원을 피보험자로 하는 보험의 보험료

* 단체보험 처리

구분	내용
연간 70만 원 이내	근로소득세가 비과세되는 복리후생적 급여에 해당
연간 70만 원 초과	근로소득으로 보아 근로소득세 과세

3 단체보험 보험금 수령시점에서의 처리

① 수익자가 법인으로 지정된 경우

계약자 및 수익자가 법인으로 하여 납입한 단체보험료 중 보험사고로 당해 법인에서 보험금 수령 후 이를 다시 근로자 또는 그 유족에게 지급하는 보험금은 종업원의 근로소득에 해당되나, 소득세법 제12조 제3호에서 규정된 바와 같이 근로의 제공으로 인한 부상·질병·사망과 관련하여 근로자나 그 유족이 받는 배상·보상 또는 위자의 성질이 있는 급여에 해당한다면 비과세 근로소득에 해당됩니다.

② 수익자가 종업원으로 지정된 경우

피보험자와 수익자 모두 종업원인 단체보험에 가입한 이후 당해 종업원의 부상·질병 또는 사망으로 인한 보험금 지급사유가 발생하여 종업원 또는 그 유족이 지급받는 보험금은 과세대상 근로소득에 해당되지 않습니다(같은 뜻 : 서면 1팀-1114, 2005.09.23. 외 다수).

4 개인사업자가 계약자인 경우

계약자는 개인사업자이고, 종업원을 피보험자로 하는 단체보험에 가입한 경우 수익자 지정에 따라 그 처리가 달라지는 것으로 우선 수익자가 종업원이라면 법인과 동일하게 해당 보험료 전액 개인사업자 필요경비로 처리되나, 종업원 입장에서는 연간 70만 원 이하 금액은 비과세 근로소득에 해당되고, 그 초과 금액은 근로소득으로 과세됩니다.

수익자를 개인사업자로 지정하는 경우 사업자가 부담한 단체보험의 보험료 중 소멸성 보험료(보장보험료 및 부가보험료를 합한 보험료 상당액) 상당액에 대하여 소득세법 집행기준 27-55-18 에서 필요경비에 산입하지 않는 것으로 규정하고 있습니다. 법인과 달리 개인사업자는 회사와 사업주가 독립된 실체가 아니라는 점을 고려하여 필요경비 불산입하는 것으로 해석 할 수 있으나, 당해 집행기준은 과세관청의 해석지침에 불과하여 법적 효력을 가지고 있지 않으며, 소득세법상 사업소득의 필요경비는 사업 관련성 여부를 기준으로 판정하고 있을 뿐 아니라, 보험금 수령시 보험차익에 대하여 과세*가 이루어지고 있어 수익비용 대응 원칙에 비추어볼때 필요경비에 산입하는 것이 타당하다는 의견도 있습니다. 이에 따라 개인사업자가 부담하는 단체보험료에 대한 세무상 처리에 있어서는 향후 입법적 보완이 필요할 것으로 판단됩니다.

○ **소득세법 집행기준 27-55-18 [사용자가 부담하는 보험료의 필요경비 산입범위]**

피보험자	수익자	보험내용(지급사유)		필요경비 해당 여부
종업원	종업원	종업원의 사망 · 상해 · 질병을 지급사유로 하는 다음의 보험		보험료: 필요경비 산입 (해당 종업원의 근로소득) 다만, ① 〈단체순수보장성 보험〉과 ② 〈단체환급부보장성 보험〉의 경우 해당 보험료 중 연간 70만 원 이하 금액은 근로소득으로 보지 않음.
		① 만기에 납입보험료를 환급하지 않는 〈단체순수보장성보험〉 ② 만기에 환급보험료가 납입보험료를 초과하지 않는 〈단체환급부보장성보험〉	
		③ 선원보험료, 상해보험료, 신원보증보험료, 선원보증보험료, 퇴직보험료, 단체퇴직보험에 부가된 특약보험 등	
	회사	종업원의 사망 · 상해 · 질병을 지급사유로 하는 보험		• 보험료 납입 시: 필요경비 불산입(자산처리) • 보험금 수령 시: 총수입금 산입 • 보험금 종업원에 지급 시: 필요경비 산입(근로소득) • 보험계약자 및 수익자를 종업원으로 변경 시: 필요경비 산입(근로소득)

* 종업원의 상해를 보험금 지급사유로 하고 사업주를 보험계약자 및 수익자로 하는 단체상해보험에 가입하여 종업원의 상해로 보험금을 수령하는 경우 수령한 보험금 및 종업원에게 지급하는 금액은 각각 당해 사업연도의 총수입금액 및 필요경비에 산입하는 것입니다. (서면상담1팀-952, 2006.7.12.)

소득세법상 비과세되는 연간 70만 원 이하의 단체보험에 대한 보험료는 종업원을 피보험자와 수익자로 지정한 경우에 한하여 적용되는 것으로, 수익자가 법인으로 지정된 단체보험에 대해서는 보험료 납입시점에서 소득세 과세문제가 발생하지 않기 때문에 소득세 비과세 규정이 적용될 여지가 없게 됩니다.

28

보장성보험에 대한 세무회계 처리 방법

☞ 1 보험료 납입시점에서 재무제표상 처리

법인을 계약자 및 수익자로 하고 화재보험 및 종업원 단체보험 등 보장성보험*을 계약한 이후 보험료를 납입하면 납입한 보험료 중 만기환급금에 상당하는 보험료는 재무제표상 장기금융상품으로 자산 처리되며, 보장보험료 및 사업비 등 소멸되는 보험료 상당액은 보험기간의 경과에 따라 손익계산서상 보험료 계정으로 비용처리 됩니다.

* 보험업감독규정 제1-2조 제3호에서는 "보장성보험"이란 기준연령 요건에서 생존시 지급되는 보험금의 합계액이 이미 납입한 보험료를 초과하지 아니하는 보험을 말하며, "순수보장성보험"이란 생존시 지급되는 보험금이 없는 보장성보험을 말하고 "그 밖의 보장성보험"이란 순수보장성보험을 제외한 보장성보험을 말하는 것으로 규정하고 있습니다.

계약자와 수익자는 법인, 피보험자는 종업원으로 하고, 5년납 5년 만기 보장성보험을 가입해서 매월 100만 원(보장보험료 및 사업비 등 소멸보험료 50만 원, 만기 환급금 상당하는 적립보험료는 50만 원)을 납입한다면 회계처리는?

차변	대변
보험료 50만 원	현금 및 현금등가물 100만 원
장기금융상품 50만 원	

연간 납입보험료 1,200만 원은 해당 법인 현금성 자산에서 감소 처리되고, 보장성보험료 및 사업비 등 소멸보험료 600만 원은 비용처리 되고, 나머지 만기환급금에 상당하는 적립보험료 600만 원은 장기금융상품으로 자산 처리됩니다.

따라서 법인이 보험료를 납입하는 5년 동안 매년 보장보험료 및 사업비 등 보험료 600만 원이 비용처리 되어 해당 금액에 법인세율을 곱한 금액 상당액이 법인세 절세효과 금액에 해당됩니다.

☞ 보험금 수령시점에서 재무제표 영향

법인을 계약자 및 수익자로 하고 화재보험 및 종업원 단체보험 등 보장성보험을 계약한 이후 만기시점에서 장기금융상품으로 자산 처리된 금액을 초과하여 만기 환급금을 수령하게 되면, 만기환급금과 장기금융상품 누적액과의 차액은 손익 계산서상 보험차익(영업외 수익)으로 처리됩니다. 반대로, 만기환급금이 장기금융 상품 누적액보다 적은 경우 보험차손(영업외 비용)으로 회계처리 됩니다.

구분	보험차익 사례	보험차손 사례
총납입원금	1,200만 원	1,200만 원
장기금융상품	600만 원	600만 원
만기환급금 수령액	800만 원	500만 원
보험차익 및 차손액	보험차익 200만 원	보험차손 △100만 원
보험료 비용+보험차익(차손)	△600만 원+200만 원 =△400만 원	△600만 원+△100만 원 =△700만 원
만기환급금－총납입원금	800만 원-1,200만 원 =△400만 원	500만 원-1,200만 원 =△700만 원

결국에는 5년 동안 납입한 납입보험료 총금액과 만기환급금의 차이금액이 최종적으로 비용처리 되는 것으로, 납입기간 동안 비용처리된 금액과 만기환급금 수령으로 발생되는 보험차익 및 보험차손을 합한 금액과 일치하게 되는데, 이는 만기시점에서 보험차손, 보험차익으로 정산되는 효과가 발생되기 때문입니다.

❸ 약관대출 및 중도인출 시 회계처리

법인이 보험에 가입한 이후 약관대출을 받는 경우 대출받은 금액은 단기 차입금으로 부채로 계상되며, 보험 원금에 대한 인출로 보지 아니하는 것입니다. 당해 대출로 인해 발생하는 이자에 대해서는 이자비용으로 처리됩니다. 반면, 중도인출을 하는 경우 장기금융상품의 감소, 즉 보험 원금에 대한 인출로 회계처리합니다.

❹ 화재사고 발생으로 수령하는 보험금에 대한 회계처리

법인을 계약자 및 수익자로 하고 건물, 구축물, 기계장치 및 재고자산 등 사업용 고정자산을 담보하는 화재보험에 가입한 이후 사업장 화재사고 발생으로 사업용 고정자산이 멸실되고 이에 대한 보험금을 수령한다면, 아래와 같이 회계처리 됩니다.

구분	보험차익 사례	보험차손 사례
고정자산 장부가액	1억 원	1억 원
화재보험금 수령액	1.2억 원	7천만 원
보험차익 및 차손액	보험차익 2천만 원	보험차손 △3천만 원

　화재사고로 전소된 당해 고정자산 장부가액을 1억 원이라 가정하고 보험회사로부터 화재보험금 1.2억 원을 수령하게 된다면, 당해 고정자산의 장부가액을 초과하여 지급받은 2천만 원은 보험차익에 해당되어 영업외 수익으로 처리하게 되며, 반대로 화재보험금 7천만 원을 지급받게 된다면 장부가액보다 미달하는 3천만 원은 영업외 비용으로 처리됩니다.

보장성보험에 대한 재무제표 핵심포인트　　　　KEY POINTS

통상 법인에서 5년납 5년 만기 또는 10년납 10년 만기 화재보험 및 단체보험 등 보장성보험에 가입한 경우 납입기간 동안 비용처리 금액과 만기환급금 수령에 따라 발생하는 보험차손익을 합한 금액은 해당 보험계약의 총납입보험료 상당액에서 만기환급금을 차감한 금액과 결과적으로 일치하게 됩니다.

VI

주식변동 및
가업승계지원제도

법인컨설팅을 위한
보험세무 핵심포인트

29

비상장주식에 대한 가치 평가

 개요

　세무상 비상장법인의 주식은 원칙적으로 시가로 평가해야 합니다. 평가 기준일 전후 기간 중 해당 비상장주식에 대한 매매가액이 있다면 시가로 인정될 수 있으나, 비상장주식의 특성상 매매 사례가 매우 드물기 때문에 상속세 및 증여세법에서는 보충적 평가 방법을 마련하여 그에 따라 평가한 가액을 시가로 보도록 규정하고 있습니다.

　대부분 중소법인의 주식가치는 보충적 평가 방법을 통해 산정되는데 보통 높은 주식가치로 인하여 해당 법인의 주식 변동에 따른 세금부담이 커질 수 있으며, 혹시라도 CEO 유고 시 당해 비상장주식이 상속재산에 포함되어 거액의 상속세를 부담할 수 있기 때문에 당해 비상장주식 평가는 중요한 요소에 해당됩니다.

🖐️ 2. 비상장주식 가치 평가의 필요성

① 주식변동 측면

주주 간 지분이전 목적으로 비상장주식 가치 평가를 실시하게 됩니다. 대표이사 지분을 배우자 또는 자녀에게 증여하거나, 명의신탁주식에 대한 환원 및 이익 잉여금 환원 등을 진행하기 위해서는 우선적으로 비상장주식 가치 평가가 선행되어야 하기 때문입니다.

② 가업승계 측면

대표이사가 보유하고 있는 비상장주식에 대한 가치 산정을 통해 미래 상속 재산가액 및 상속세 납부세액을 사전에 예측할 수 있으며, 그에 따라 상속세 납부재원 준비 및 가업승계 전략 등을 수립하는데 도움이 됩니다. 또한 가업승계 목적 사전증여 과세특례 규정을 적용받기 위한 목적으로도 비상장주식에 대한 평가작업이 이루어지게 됩니다.

③ 유상증자가액 산정 측면

비상장법인에서 유상증자를 실시하는 경우 비상장주식을 평가하여 산정된 가액으로 증자를 실시할 수 있습니다. 만약 액면가액 또는 시가보다 현저히 높거나 낮은 가액으로 증자를 하게 된다면 주주 및 투자자에게 증여세가 과세될 수도 있으므로 주의가 필요합니다.

 비상장주식의 평가 방법

(1) 1주당 평가액

구분	내용
1주당 평가액 Max(①, ②)	① (1주당 순자산가치×40%)+(1주당 순손익가치×60%)
	② 1주당 순자산가치의 80%

단, 부동산과다보유법인(토지, 건물 및 부동산에 관한 권리 등 비율이 50% 이상 법인)의 경우 순자산가치 60% 및 순손익가치 40%를 적용합니다.

① 1주당 순손익가치

$$1주당\ 순손익가치 = 1주당\ 최근\ 3년간\ 순손익액의\ 가중평균액/10\%$$

순손익가치는 해당 법인이 계속 사업을 영위한다고 가정했을 경우 1주당 순이익 금액에 자본화 이자율에 해당하는 10을 곱하여 1주당 순손익가치를 계산합니다.

○ 1주당 최근 3년간 순손익액의 가중평균액의 계산 방법

$$\left(\begin{array}{l} 평가기준일\ 이전\ 3년\ 되는\ 사업연도\ 1주당\ 순손익액\ \times\ 1 \\ 평가기준일\ 이전\ 2년\ 되는\ 사업연도\ 1주당\ 순손익액\ \times\ 2 \\ 평가기준일\ 이전\ 1년\ 되는\ 사업연도\ 1주당\ 순손익액\ \times\ 3 \end{array} \right) \times 1/6$$

이 경우 3년간 순손익액의 가중평균액이 0원 이하인 경우 0원으로 평가하며, 직전연도 순손익액의 가중치가 가장 높게 반영되기 때문에 직전연도 손익에 따라 주식가치 변동폭이 클 수 있으므로 주의가 필요합니다.

② 1주당 순자산가치

1주당 순자산가치 = 해당 법인의 순자산가액/발행주식총수

순자산가치는 해당 법인이 청산한다고 가정했을 경우 주식 발행 법인의 자산에서 부채를 차감한 순자산가액을 전체 주식수로 나누어 1주당 잔여재산분배금액으로 계산합니다.

○ **순자산가액의 계산 방법**

평가기준일 현재 해당 법인의 자산가액 – 부채가액

이 경우 순자산가액이 0원 이하인 경우 0원으로 하며, 아래 해당하는 주식은 순자산가치로 평가해야 합니다.

1. 상속세 및 증여세 과세표준 신고기한 이내에 평가대상 법인의 청산절차가 진행 중이거나 사업자의 사망 등으로 인하여 사업의 계속이 곤란하다고 인정되는 법인의 주식등

2. 사업개시 전의 법인, 사업개시 후 3년 미만의 법인 또는 휴업·폐업 중인 법인의 주식등

3. 법인의 자산총액 중 토지, 건물 및 부동산에 관한 권리 등이 차지하는 비율이 100분의 80 이상인 법인의 주식등

4. 법인의 자산총액 중 주식등의 가액의 합계액이 차지하는 비율이 100분의 80 이상인 법인의 주식등

5. 법인의 설립 시 정관에 존속기한이 확정된 법인으로서 평가기준일 현재 잔여 존속기한이 3년 이내인 법인의 주식등

(2) 최대주주 등의 보유주식에 대한 할증평가

구분	내용
일반기업	일반적인 평가액×20% 해당하는 할증평가액을 가산
중소기업(중견기업)	할증평가하지 않음.

여기서 최대주주란 최대주주등(주주 1인과 그의 특수관계인 보유주식을 합하여 그 보유주식의 합계가 가장 많은 경우의 해당주주 1인과 그의 특수관계인 모두를 말한다) 중 보유주식수가 가장 많은 1인을 말합니다.

다음의 경우에는 할증평가 대상에서 제외합니다.

1. 평가기준일이 속하는 사업연도 전 3년 이내의 사업연도부터 계속하여 법인세법에 따른 결손금이 있는 경우
2. 평가기준일 전후 6개월(증여재산의 경우에는 평가기준일 전 6개월부터 평가기준일 후 3개월로 한다) 이내의 기간 중 최대주주등이 보유하는 주식등이 전부 매각된 경우(특수관계인과의 거래 등으로 그 거래가액이 객관적으로 부당하다고 인정되는 경우 제외)
3. 평가대상인 주식등을 발행한 법인이 다른 법인이 발행한 주식등을 보유함으로써 그 다른 법인의 최대주주등에 해당하는 경우로서 그 다른 법인의 주식등을 평가하는 경우
4. 평가기준일부터 소급하여 3년 이내에 사업을 개시한 법인으로서 사업개시일이 속하는 사업연도부터 평가기준일이 속하는 사업연도의 직전 사업연도까지 각 사업연도의 기업회계기준에 의한 영업이익이 모두 영 이하인 경우
5. 상속세 과세표준 신고기한 또는 증여세 과세표준 신고기한 이내에 평가대상 주식등을 발행한 법인의 청산이 확정된 경우
6. 최대주주등이 보유하고 있는 주식등을 최대주주등 외의 자가 증여일로부터 10년 이내 상속 또는 증여받은 경우로서 상속 또는 증여로 인하여 최대주주등에 해당되지 아니하는 경우
7. 주식등의 실제소유자와 명의자가 다른 경우로서 명의신탁재산 증여의제 규정에 따라 해당 주식등을 명의자가 실제소유자로부터 증여받은 것으로 보는 경우
8. 상속세 및 증여세법 시행령 제53조 제6항 및 제7항에 의한 중소기업 또는 중견기업이 발행한 주식등

4 주식평가 전 준비사항

실무적으로 비상장주식 평가를 위해서는 우선 평가기준일을 정하고, 결산(또는 가결산)을 통해 재무제표를 확정하며 이에 따라 순자산가치를 산정하게 됩니다.

이와 같이 당해 비상장주식 평가를 목적으로 결산하는 불편을 없애기 위하여 통상 결산일에 해당하는 12월 31일을 평가기준일로 정하는 경우가 대부분입니다. 한편, 순손익가치의 경우 직전 3년간의 세무조정사항이 반영된 순손익액(법인세법에 따른 각 사업연도 소득금액에서 가산 및 차감항목을 반영하여 산정)을 확인해야 하므로 평가기준일 직전 3년간 세무조정계산서 등 서류가 필요하게 됩니다.

5️⃣ 비상장주식 가치 절감 전략

비상장법인의 주식가치가 낮을수록 일반적으로 납세자에게 유리한 경우가 많기 때문에 비상장주식 가치 절감 전략을 고민하게 되는데, 통상 아래와 같은 방법을 활용해서 주식가치를 절감하게 됩니다.

구분	순자산가치 절감	순손익가치 절감
절감 전략	① 주주에게 배당금 지급 ② 부실채권 대손처리 ③ 부실재고자산 매각 및 소각 ④ 퇴직금추계액 계상 및 퇴직연금 납입	① 매출 등 수익항목 이연 ② 비용 조기집행(가속상각 등) ③ 퇴직연금 가입 및 납입 　 – CEO플랜 가입 & 손금처리 ④ 특별상여금 확정 및 지급

특히, 순손익가치의 경우 평가기준일 직전연도 순손익액의 가중치가 가장 높게 반영되기 때문에 일시적으로 각 사업연도 소득금액이 낮은 사업연도 바로 다음 연도 주식가치 평가를 통하여 순손익가치를 절감시키는 전략을 활용하기도 합니다.

비상장주식 가치 평가 핵심포인트

KEY POINTS

비상장주식 가치 절감 전략에는 여러 방법이 있는데, 임원퇴직금 지급규정 마련 및 보완을 통해 퇴직금추계액을 부채로 계상하고, 그에 따른 재원마련 및 임원 보장을 목적으로 CEO플랜에 가입해서 세무상 손금처리를 하게 된다면 순자산가치뿐 아니라 순손익가치를 절감시킬 수 있는 방법에 해당됩니다.

30

비상장주식의 양수도 거래

👉 개요

주식양수도란 주주의 구성원을 변경하는 것으로, 아래 절차를 거쳐 주식을 매각 및 취득하게 됩니다. 다만, 주식의 이동에 대해서는 별도의 등기 등록을 요하지 않으며 비상장법인에서 주주명부 기재를 통해 관리되고 법인세 신고 당시 주식등변동상황명세서 제출을 통해 확인 가능합니다.

주식양수도 절차

① 주식매매계약서 작성

우선 주주 간 주식매매계약서를 작성합니다. 취득가액과 양도가액이 동일한 경우에는 증권거래세만 납부하면 되지만, 비상장법인의 주식으로서 취득가액 이상으로 양도하는 경우 그 양도차익에 대하여 양도소득세를 신고 및 납부해야 합니다.

② 증권거래세 신고 및 납부

주식양도일이 속하는 반기의 말일로부터 2개월 이내에 증권거래세 과세표준 신고서를 양도인의 주소지 관할 세무서에 제출해야 하며, 양도가액의 0.35%를 증권거래세로 납부해야 합니다.

③ 양도소득세 신고 및 납부

비상장법인의 주식 양도에 따른 양도차익이 발생한 경우 양도일이 속하는 반기의 말일로부터 2월 이내에 양도인 주소지 관할 세무서에 양도소득세를 신고 및 납부해야 하며, 10%의 지방소득세를 납부해야 합니다.

[양도소득세 과세대상 주식 및 출자지분]

주식시장 활성화를 위하여 주권상장법인의 주식을 양도하는 경우 원칙적으로 양도소득세를 과세하지 않습니다. 아래에 해당하는 경우 양도소득세를 과세합니다.

구분	과세대상
주권상장법인 주식	증권시장(유가증권, 코스닥, 코넥스) 상장된 주식으로서, ① 대주주 양도하는 주식등 ② 소액주주가 증권시장 밖에서 양도하는 주식등
비상장법인 주식	비상장법인 주식(원칙적으로 대주주 상관없이 과세)

* 대주주 요건

주주 1인과 그의 특수관계인이 양도일이 속하는 사업연도의 직전 사업연도 종료일 현재 지분비율과 시가총액 기준 중 어느 하나를 충족하는 경우 해당 주주 1인 및 그의 특수관계인을 말합니다.

구분	① 지분비율	② 시가총액
유가증권시장 상장법인	주식 합계액 1% 이상	시가총액 50억 원 이상
코스닥시장 상장법인	주식 합계액 2% 이상	
코넥스시장 상장법인 및 비상장법인	주식 합계액 4% 이상	

[주식 및 출자지분 양도소득세율표]

대상	주식 종류	세율
소액주주	중소기업	10%
	중견 · 대기업	20%
소액주주 아닌 대주주	중소기업	20%(과세표준 3억 원 초과 시 25%)
	1년 이상 보유 중견 · 대기업	20%(과세표준 3억 원 초과 시 25%)
	1년 미만 보유 중견 · 대기업	30%

④ 주식등변동상황명세서 제출

사업연도 중 주식 등의 변동사항이 있는 법인은 법인세 신고기한 내 주식등변동상황명세서를 납세지 관할 세무서장에게 제출해야 합니다. 새로 설립한 법인이라 하더라도 당해 설립일이 속하는 사업연도 중에 주식 변동이 있었다면 법인세 과세표준 신고기한 내에 주식등변동상황명세서를 제출해야 합니다.

....
* 새로 설립한 법인은 신규설립 시 주주명부가 입력되므로, 당해 사업연도 중에 주식변동이 없으면 주식등변동상황명세서를 제출할 필요가 없습니다.

주식등변동상황명세서를 제출해야 할 내국법인이 주식등변동상황명세서를 제출하지 아니하거나 변동상황을 누락하여 제출한 경우와 제출한 변동상황명세서가 불분명한 경우에 미제출 · 누락제출 및 불분명제출한 주식등의 액면금액 또는 출자가액의 1%에 상당하는 금액을 가산세로 징수합니다.

3 과점주주 해당 여부 검토

과점주주가 아니었던 자가 과점주주가 될 경우 그 법인이 소유한 부동산, 차량, 건설기계 등에 대하여 지방자치단체가 취득세를 다시 과세하므로 주주 변동 시 새롭게 과점주주에 해당되는지 여부를 반드시 사전에 검토해야 합니다.

여기서 과점주주란 특정주주를 기준으로 그 주주 및 주주의 친족 기타 특수한 관계에 있는 사람이 가지고 있는 주식의 비율이 그 주식을 발행한 법인의 총 발행주식의 50% 초과인 경우를 말합니다. 이러한 과점주주는 법인의 국세가 체납된 경우 법인 소유 지분을 한도로 제2차 납세의무를 져야 합니다.

과점주주에 따른 취득세 중과세 규정은 과점주주가 아닌 자가 주식을 추가로 취득하여 과점주주가 된 경우 그 법인을 사실상 지배하는 결과가 되므로 그 법인이 소유한 부동산, 차량, 건설기계 등을 과점주주가 다시 취득한 것으로 보아 장부 가액에 과점주주 비율을 곱한 금액을 과세표준으로 하여 취득세를 과세합니다. 단, 법인설립 시에 발행하는 주식 지분을 취득함으로써 과점주주가 된 경우에는 취득세를 과세하지 않습니다.

4 지분이전에 대한 세무조사

과세관청에서는 주식이동에 대한 상세한 자료 관리 강화, 거래 관련 모든 내용을 전산화하여 예의 주시하고 있기 때문에 상법과 세법에 부합하는 절차와 규정을 준수하여 진행해야 합니다. 만약 그렇지 못한 경우에는 과세관청으로부터 소명 요구를 받거나 세무조사를 받을 수 있으니 주의해야 합니다.

법인이 특수관계인인 개인으로부터 유가증권을 시가*보다 낮은 가액으로 매입하는 경우 시가와 그 매입가액의 차액에 상당하는 금액을 해당 법인의 익금으로 보아 법인세를 과세합니다.

* 법인세법 제52조 제2항 건전한 사회통념 및 상거래 관행과 특수관계인이 아닌 자 간의 정상적인 거래에서 적용되거나 적용될 것으로 판단되는 가격(요율·이자율·임대료 및 교환 비율과 그 밖에 이에 준하는 것을 포함하며, 이하 "시가"라 한다)을 기준으로 합니다.

거래상대방인 개인 입장에서는 특수관계인인 법인에게 유가증권을 시가보다 낮은 가액으로 양도하는 경우 소득세법상 부당행위계산부인 규정*에 해당되어 시가상당액을 양도가액으로 보아 양도소득세를 추가로 과세하게 됩니다.

* 시가와 거래가액의 차액이 3억 원 이상이거나 시가의 100분의 5에 상당하는 금액 이상인 경우로 한정해서 부당행위계산부인 규정을 적용하게 됩니다.

결국, 법인에서는 특수관계에 있는 개인으로부터 주식을 저가로 매입하게 된다면 법인과 개인 모두 시가상당액으로 법인세 및 양도소득세가 과세되므로 이에 해당되지 않도록 주의가 필요합니다.

비상장주식거래 관련 핵심포인트

KEY POINTS

당해 법인의 주식거래로 인해 주주 간 변동사항이 발생한다 하더라도 이는 등기 등록을 요하지 않는 사항으로 통상 비상장 중소법인에서는 주주명부 기재를 통해 내부 관리하고 법인세 신고 당시 주식변동상황명세서 제출을 통해 과세관청에 신고하게 됩니다. 따라서 주주 변동은 법인등기부등본과는 전혀 상관없다는 점을 주의하기 바랍니다.

31

차명주식(명의신탁주식)

 개요

　차명주식(명의신탁주식)이란 실제소유자가 아닌 다른 사람 명의로 주식을 취득하는 것을 말하는 것으로 2001년 7월 23일 이전에는 상법 규정에 따라 발기인이 3명 이상일 경우에만 법인설립이 허용되어 부득이하게 친인척, 지인 등 다른 사람을 주주로 등재하는 사례가 많았습니다.

○ 상법상 발기인 요건(상법 제288조)

구분	1996. 9. 30.까지	1996. 10. 1.~2001. 7. 23.	2001. 7. 24. 이후
내용	7인 이상	3인 이상	제한 없음.

　하지만 2001년 7월 24일 이후 법인설립 시 주주 인원에 대한 제한이 없음에도 아직도 주주 3인 이상으로 구성되어야 하는 것으로 잘못 알고 차명주주를 등재하기도 합니다. 또한 과점주주에 해당될 경우 제2차 납세의무 발생 및 간주취득세 납부에 따른 불이익을 회피하기 위한 수단으로 주식을 명의신탁하게 됩니다.

2 명의신탁주식 정리에 따른 고려사항

① 명의신탁주식의 위험성

아래와 같은 이유로 인해 명의신탁주식을 가급적 빠른 시일 내에 정리해야
합니다.

구분	내용
명의신탁주식 환원에 대한 어려움	통상 명의신탁 시점인 법인설립 당시에는 회사 주식가치는 낮은 수준이나, 회사가 성장하면서 주식가치가 상승할 경우 명의수탁자가 높아진 주식가치를 알게 된다면 당해 주식환원도 어려워지고, 추후 변심할 가능성도 커지게 됩니다.
명의수탁자 사망	명의수탁자가 사망하는 경우 명의수탁주주의 상속인에게 상속세가 부과되며, 이들 상속인이 환원을 거부할 가능성도 매우 높아 소유권 분쟁에 휘말릴 가능성이 커지게 됩니다.
명의신탁 사실 입증 어려움	시간이 경과될수록 명의신탁 사실을 객관적으로 입증할 수 있는 증거자료 제시가 어려워질 수 있습니다.
증자로 인한 추가 명의신탁 발생	증자 실시로 인해 명의수탁자에게 추가 배정이 이루어질 경우 증자 당시 주식가치 평가금액으로 새로운 명의신탁이 발생하게 됩니다.

② 명의신탁주식 이전시기 고려사항

구분	내용
주식평가액	세무상 과세기준액은 상증법상 주식평가액이므로 당해 평가액이 낮은 시점에 명의신탁주식을 정리하는 것이 바람직합니다.
승계자 소득재원	유상양수도 형태로 명의신탁주식 정리 시 승계자의 자금출처가 필요하므로, 차명주식 정리 전 충분한 소득재원을 마련하는 것이 바람직합니다.
지분이전 분할	고·저가양수도 증여의제 규정의 3억 원 기준금액은 1년 단위로 합산되므로, 증여세 부담을 낮추기 위해서는 차명주식 이전에 대한 시기를 분할하는 것이 바람직합니다.

③ 사전 확인사항

구분	내용
특수관계 여부	세무상 특수관계자에 해당할 경우 양도소득세 부당행위계산부인 규정 적용 및 저가양수도 증여의제 규정으로 과도한 세부담이 발생하는 반면, 특수관계가 없는 경우 양도소득세 부당행위계산부인 규정이 적용되지 않으며, 또한 저가양수도 증여의제 적용 시 증여이익 3억 원 차감 규정으로 세부담액이 줄어들게 됩니다. 따라서 특수관계에 해당하지 않는 지분을 이전하는 것이 바람직합니다.
차명주주의 연령 및 건강상태	차명주주가 사망하는 경우 차명주주의 상속인이 차명주주에 대한 권리를 주장할 가능성이 높아지므로 고령 및 건강이 악화된 차명주주의 주식을 우선 정리하는 것이 바람직합니다.
차명주주와의 우호적 관계	차명주주와의 관계가 악화되면 명의신탁주식에 대한 대가를 요구할 가능성이 높아지며, 주식 정리 자체가 불가능해질 수 있으므로 차명주주와 우호적인 관계에서 명의신탁주식을 정리하는 것이 바람직합니다.
명의신탁주식의 가치 상승 여부	명의신탁주식의 가치가 높을수록 관련 주식 정리비용이 증가하므로 가치가 상승할 것으로 예상되는 명의신탁주식을 우선 정리하는 것이 바람직합니다.

④ 명의신탁주식에 대한 세무문제

명의신탁주식에 대해서는 아래와 같이 단계별로 세금문제가 발생하는 것으로, 구체적인 내용은 아래와 같습니다.

구분	내용
최초 명의신탁 시점	명의수탁자가 명의신탁자로부터 증여받은 것으로 보아 증여세 과세
명의신탁 후 증자한 경우	새로운 명의신탁으로 보아 증여세 과세
명의신탁 후 배당 실시한 경우	명의수탁자가 신고한 배당소득에 대해 신탁자는 수정신고, 수탁자는 경정청구
명의신탁 후 제3자에게 양도한 경우	다시 명의신탁한 것으로 보아 증여세 과세
명의신탁 해지한 경우	실제소유자에게 환원 시 세금 문제없음.

3 명의신탁주식 정리 방법

① 명의신탁주식 환원

명의신탁계약 해지를 통해 명의신탁자인 실질소유자가 수탁자의 주식을 되찾아오는 것으로, 가장 원칙적이고 올바른 처리방법에 해당됩니다. 이 경우 환원하는 현재 시점기준으로 발생되는 세금은 없으나, 과거 신탁 당시 신탁주식의 상증세법상 평가액으로 수탁자에게 증여세가 과세됩니다. 또한 증자 등이 존재하는 경우 증자 시마다 추가적으로 증여세 과세 가능성이 존재하므로 증자가 있었던 회사의 경우에는 더욱 주의가 필요합니다. 증자가 없었던 법인의 차명주식은 세금 측면에서 상당히 유리하며, 이때에는 명의신탁주식이라는 사실을 객관적인 자료를 통해 입증하는 것이 가장 중요하다고 할 수 있습니다.

신탁자가 해당 주식에 대하여 본인의 주식임을 입증하는 방법에는 최초 자본금 납입 시 납입자본의 출처를 통한 것입니다. 자금흐름을 통한 주주에 대한 배당금의 실질귀속자를 입증하는 것 역시 하나의 방법일 수는 있으나, 간혹 과세관청에서 인정되지 않는 경우도 존재합니다. 자금흐름으로 실주주에 대한 입증이 어렵다면 소송 등을 통하여 판결문을 바탕으로 입증하는 방법도 실무에서는 사용되고 있습니다.

② 주식의 양도

명의신탁주식에 대한 입증의 어려움으로 인해 명의신탁 계약 해지 방법이 아닌 주식 양수도 방식을 선택하는 경우가 있습니다. 이 경우 대부분 당초 명의신탁 시점보다 높아진 평가 금액으로 주식 양수도 거래를 할 수밖에 없으며, 양수도 거래 시 자금흐름에 대한 소명이 제대로 이루어지지 않는다면 증여세가 추징되는 경우도 있으니 주의해야 합니다. 또한 주식 양수도거래로 인하여 과점주주에 해당될 경우 간주취득세 문제가 발생하게 될 수 있으니, 사전에 미리 확인이 필요합니다.

③ 주식의 증여

현시점에서 주식의 시가로 명의수탁자가 신탁자에게 증여하는 것입니다. 이는 회사가 성장한 경우 적용하기에 많은 세부담이 발생할 수 있으므로 사전에 미리 주식평가를 통해 예상되는 세액을 산정해 볼 필요가 있습니다. 이 방법은 명의수탁자를 실주주라는 가정에서 해당 주식을 증여하는 것이며, 해당 주식에 대하여 당초 명의신탁자가 증여를 받을지 아니면 명의신탁자의 특수관계인이 증여를 받을지에 대한 선택이 필요합니다.

④ 간주취득세 과세 여부

당해 명의신탁주식에 대하여 명의신탁주식 실제소유자 확인절차 간소화, 명의신탁 해지 등을 통해 실질소유자에게 환원하는 경우 실질주주가 명의를 회복한 것에 불과하여 간주취득세가 과세되지 않습니다.

명의신탁주식 관련 핵심포인트

KEY POINTS

명의신탁주식은 여러 가지 위험 요소로 인해 가급적 빠른 시일 내에 환원해야 하는 것으로, 당초 명의신탁 사실 입증을 통해 환원하는 방식이 가장 원칙적인 방법이지만, 기간 경과에 따른 입증상 어려움으로 명의신탁주식을 양도하거나 증여하는 방식을 사용하기도 합니다. 이러한 환원 방법에 따라 세금 부담 금액 차이가 크기 때문에 반드시 세무전문가와 사전에 충분한 협의를 통해 명의신탁주식을 환원해야 할 것입니다.

32

명의신탁주식 환원 간소화 제도

 개요

법인설립 당시 명의신탁이 이루어진 이후 해당 주식을 실제소유자에게 환원하는 과정에서 관련 증빙을 제대로 갖추지 못해 이를 입증하는데 많은 불편과 어려움을 겪고 있는 중소법인들이 많이 있습니다. 이러한 사정을 고려하여, 일정한 요건을 갖추면 세무조사 등 종전의 복잡하고 까다로운 확인절차 없이 통일된 기준에 따라 납세자가 제출한 증빙서류와 국세청 내부자료 등을 활용하여 간소화된 절차에 따라 실제소유자를 확인해 줌으로써 납세자의 입증부담을 덜어 주고 원활한 가업승계와 안정적인 기업경영 및 성장을 지원하기 위해 마련한 제도입니다.

명의신탁주식 실제소유자 확인신청 대상자 요건

구분	내용
2가지 요건 모두 충족해야 신청 가능	주식발행법인이 2001년 7월 23일 이전에 설립되었고, 실명전환일 현재 「조세특례제한법 시행령」 제2조에서 정하는 중소기업에 해당할 것
	실제소유자와 명의수탁자 모두 법인설립 당시 발기인으로서, 법인설립 당시 명의신탁한 주식을 실제소유자에게 환원하는 경우일 것

３ 실제소유자 확인신청 단계별 절차

구분	내용
확인신청	신청인은 '명의신탁주식 실제소유자 확인신청서'와 당초 명의신탁 및 실제소유자 환원사실을 입증할 수 있는 증빙서류 신청인의 주소지 관할 세무서에 제출 • 필수 제출서류 중소기업 등 기준검토표(「법인세법 시행규칙」 별지 제51호 서식) 주식발행법인이 발행한 주식명의개서 확인서 명의수탁자 인적사항 · 명의신탁 및 실명전환 경위 등에 관한 확인서 • 임의 제출서류 주식대금납입 · 배당금 수령 계좌 등 금융자료 신탁약정서, 설립 당시 정관 · 실제주주명부, 확정판결문 등
실제소유자 확인절차	신청서 내용과 제출한 증빙 등을 근거로 실제소유자를 확인하며, 실명전환주식 가액이 20억 원 이상이거나 실제소유자 여부가 불분명한 때에는 명의신탁주식 실명전환자문위원회 자문을 받아 처리합니다. 자문위원회 심의결과 실제소유자 여부가 불분명한 경우에는 명확한 사실관계 확인을 위해 우편질문, 현장확인 등 추가 확인절차를 거쳐 실제소유자 여부를 결정합니다.
결과통지	신청인에게 명의신탁주식 실제소유자 확인신청 처리결과를 통지합니다.

４ 확인처리 결과에 따른 납세의무

구분	내용
실제소유자로 인정	당초 명의신탁에 따른 증여세, 배당에 따른 종합소득세 등이 발생
실제소유자로 불인정	• 유상거래인 경우에는 양도소득세 및 증권거래세 등이 발생 • 무상거래인 경우에는 증여세 등이 발생

33

창업자금에 대한 증여세 과세특례

 개요

중소기업 창업 목적으로 자녀가 부모로부터 창업자금을 증여받는 경우 증여세 과세가액 50억 원을 한도로 우선 5억 원을 공제 후 공제액 초과 금액에 대해서는 10% 세율로 증여세를 부과함으로써 자금이 상대적으로 많이 필요한 사업 초기 자금부담을 줄여 빠른 시일 내 기업이 성장할 수 있도록 지원해주는 제도입니다. 정부는 세대 간 부의 이전을 촉진함으로써 경제활력의 증진을 도모하고자 2006년 부터 시행하고 있습니다.

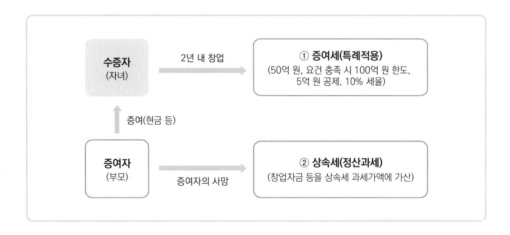

[증여세 과세 방법]

증여세 납부세액 = (증여세 과세가액-5억 원)×10%

* 50억 원 한도. 단, 창업을 통하여 10명 이상 신규 고용한 경우 100억 원 한도

....
* 창업자금에 대한 증여세 과세표준을 신고하는 경우에도 신고세액공제를 적용하지 아니합니다.

 창업자금에 대한 증여세 특례의 요건

요건	내용
증여자 요건	증여 당시 60세 이상의 부모이어야 하고, 증여 당시 아버지나 어머니가 사망한 경우에는 그 사망한 아버지나 어머니의 부모를 포함합니다. * 창업자금 2회 이상 증여받거나 부모로부터 각각 증여받는 경우 각각의 증여세 과세가액 합산하여 적용
수증자 요건	증여일 현재 18세 이상인 거주자 자녀
중소기업 요건	조세특례제한법 제6조 제3항에서 열거된 중소기업 창업 목적으로 자금 증여받는 경우 적용
증여재산 및 창업자금 요건	증여재산은 토지·건물 등 양도소득세 과세대상 자산을 제외한 현금성 자산을 말하는 것으로, 사업용 자산의 취득자금, 사업장의 임차보증금 및 임차료 지급액이 창업자금의 범위에 포함됩니다.
창업 및 자금 사용 의무기한	창업자금을 증여받은 날로부터 2년 이내에 창업하고 4년 이내에 창업자금을 해당 목적에 사용
창업 조건	"창업"이란 납세지 관할 세무서장에게 등록하는 것을 말하며, 사업용 자산을 취득하거나 확장한 사업장의 임차보증금 및 임차료를 지급하는 사업을 확장하는 경우에도 창업에 포함됩니다.

📢 사후관리 규정

① 아래 해당하는 경우 해당 창업자금을 일반 증여재산으로 보아 증여세 및 이자상당액을 함께 부과합니다.

1. 창업자금을 증여받은 자가 증여받은 날부터 2년 이내에 창업하지 아니한 경우
2. 창업자금으로 중소기업 요건 업종 외의 업종을 경영하는 경우
3. 새로 증여받은 창업자금을 당초 창업한 사업과 관련하여 사용하지 아니한 경우
4. 창업자금을 증여받은 날부터 4년이 되는 날까지 모두 해당 목적에 사용하지 아니한 경우
5. 증여받은 후 10년 이내에 창업자금(창업으로 인한 가치증가분 포함)을 해당 사업용도 외의 용도로 사용한 경우
6. 창업 후 10년 이내에 해당 사업을 폐업하는 경우 등
7. 증여받은 창업자금이 50억 원을 초과하는 경우로서 창업한 날이 속하는 과세연도의 종료일부터 5년 이내에 각 과세연도의 근로자 수가 다음 계산식에 따라 계산한 수보다 적은 경우

창업한 날의 근로자 수-(창업을 통하여 신규 고용한 인원수-10명)

② 창업으로 보지 아니하는 경우

1. 합병·분할·현물출자 또는 사업의 양수를 통하여 종전의 사업을 승계하여 같은 종류의 사업을 하는 경우
2. 종전의 사업에 사용되던 자산을 인수 또는 매입하여 같은 종류의 사업을 하는 경우로서 인수 및 매입자산가액 비율이 일정 기준에 부합되는 경우
3. 거주자가 하던 사업을 법인으로 전환하여 새로운 법인을 설립하는 경우
4. 폐업 후 사업을 다시 개시하여 폐업 전의 사업과 같은 종류의 사업을 하는 경우
5. 다른 업종을 추가하는 등 새로운 사업을 최초로 개시하는 것으로 보기 곤란한 경우
6. 창업자금을 증여받기 이전부터 영위한 사업의 운용자금과 대체설비자금 등으로 사용하는 경우

창업자금 과세특례 규정에 대한 상속세 및 증여세 과세

① 창업자금은 증여받은 날부터 상속개시일까지의 기간과 관계없이 상속세 과세가액에 가산합니다. 이 경우 상속세 산출세액에서 창업자금에 대한 증여세액을 공제하며, 공제할 증여세액이 상속세 산출세액보다 많은 경우 그 차액에 상당하는 증여세액은 환급하지 아니합니다.

② 동일인(그 배우자 포함)으로부터 증여받은 창업자금 외의 다른 증여재산의 가액은 창업자금에 대한 증여세 과세가액에 가산하지 아니합니다.

③ 창업자금에 대한 증여세 과세특례를 적용받는 거주자는 가업승계에 대한 증여세 과세특례 규정을 적용받지 못합니다.

창업자금 증여세 특례 핵심포인트
KEY POINTS

창업자금에 대한 증여세 특례 규정은 통상 부모님이 운영하고 있는 중소법인을 승계하기 어려운 상황에서 자녀가 다른 업종에 신규 창업을 원한다면 활용 가능한 사전 증여 제도입니다. 지난해 세법 개정을 통해 증여 한도가 50억 원으로 확대되어 동 규정에 대한 활용도는 더욱 높아질 것으로 예상됩니다.

34

가업승계에 대한 증여세 과세특례

 개요

중소기업 및 중견기업의 경영자가 가업승계를 목적으로 생전에 미리 자녀에게 기업을 계획적으로 사전 상속할 수 있도록 증여세 부담을 대폭 경감시켜주는 제도입니다.

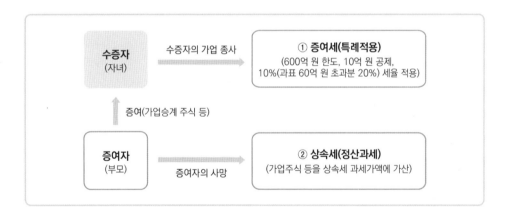

18세 이상의 거주자가 가업을 10년 이상 계속하여 영위한 60세 이상 부모로부터 가업승계 목적으로 주식 등을 증여받고 가업을 승계한 경우 최대 600억 원을 한도로 10억 원을 공제 후 60억 원까지 10%, 120억 원 초과 시 20%의 저율로 증여세를 과세하고, 가업주식을 증여받은 후 증여자가 사망한 경우 증여

시기에 관계없이 상속세 과세가액에 가산하나, 상속개시일 현재 가업상속 요건을 모두 갖춘 경우 가업상속공제도 적용받을 수 있습니다.

🖐️ 2 증여세 과세 방법

구분	계산
과세표준 120억 원 초과	(증여세 과세표준−120억 원)×20%+120억 원×10%
과세표준 120억 원 이하	(*증여세 과세가액−10억 원)×10%

* 600억 원 한도로 적용하며, 가업승계에 대한 증여세는 신고세액공제를 허용하지 않습니다.

가업승계 대상 기업이 지속적인 성장을 통해 주식가치가 상승한다면 사전 증여를 통해 절세효과 및 증여 이후 주식가치 상승분을 그대로 자녀에게 이전시킬 수 있다는 점에서 장점이 있는 제도입니다.

○ 사전 증여 한도

구분	증여 한도
부모가 10년 이상 20년 미만 계속하여 경영한 경우	300억 원
부모가 20년 이상 30년 미만 계속하여 경영한 경우	400억 원
부모가 30년 이상 계속하여 경영한 경우	600억 원

○ 일반증여와 증여세 과세특례 비교

구분	일반적 증여	증여세 과세특례
증여공제	5천만원+혼인·출산 시 1억원	10억 원
세율	10~50%	10~20%(600억 원 한도)
증여세 신고세액공제	가능	불가능
상속재산 가산	10년 내 증여받은 경우 상속재산 가산	기간에 관계없이 무조건 상속재산에 가산

○ **가업승계에 대한 증여세 과세특례 적용 시 납부세액 비교**

〈사례: 기본 가정〉

- 30년 이상 경영한 중소기업 80%를 보유한 부친이 성인자녀에게 주식을 증여
- 중소기업은 총자산가액 중 사업관련 자산가액 비율 100%임.
- 주식증여가액이 70억 원인 경우

구분	특례증여 적용	일반증여 적용
증여세 과세가액	70억 원	70억 원
증여공제	-10억 원	-5천만 원
증여세 과세표준	60억 원	69.5억 원
세율	10%	50%
산출세액	6억 원	30억 1,500만 원
신고세액공제	-	9,045만 원
자진납부세액	6억 원	29억 2,455만 원

* 증여세 과세특례 적용으로 23억 2,455만 원의 증여세 절감효과 발생

☞ 가업승계 증여세 과세특례 요건

① 가업 요건

가업승계 증여세 과세특례가 적용되는 가업이란 상속세 및 증여세법 제18조 제2항 제1호에 따른 가업을 말하는 것으로, 증여일이 속하는 법인세 사업연도의 직전 법인세 사업연도 말 상속세 및 증여세법 시행령 제15조에서 규정한 일정 요건을 갖춘 중소기업 및 중견기업을 말합니다.

중소기업(상증령 제15조 제1항)	중견기업(상증령 제15조 제2항)
1. 별표에 따른 업종을 주된 사업으로 영위할 것 2. 「조세특례제한법 시행령」 제2조 제1항 제1호 및 제3호 요건 충족할 것 3. 자산총액이 5천억 원 미만일 것	1. 별표에 따른 업종을 주된 사업으로 영위할 것 2. 「조세특례제한법 시행령」 제9조 제4항 제1호 및 제3호 요건 충족할 것 3. 상속개시일의 직전 3개 소득세 과세기간 또는 법인세 사업연도의 매출액의 평균금액이 5천억 원 미만인 기업일 것

② 증여자 요건

60세 이상의 부모로서 가업을 10년 이상 계속하여 영위하면서 10년 이상 계속하여 중소기업의 최대주주 등이어야 하며, 증여자와 그와 특수관계에 있는 자의 주식 등을 합하여 해당 법인의 발행주식총수 등의 40%(주권상장법인 20%)를 보유해야 합니다. 증여 당시 아버지나 어머니가 사망한 경우에는 그 사망한 아버지나 어머니의 부모를 포함합니다.

③ 수증자 요건

증여일 현재 18세 이상 거주자인 자녀(그 배우자 포함)에게 적용되며, 가업을 승계한 거주자가 2인 이상인 경우에는 각 거주자가 증여받은 주식을 1인이 모두 증여받은 것으로 보아 증여세를 부과합니다.

④ 증여재산 요건

가업승계에 대한 증여세 과세특례가 적용되는 증여재산은 해당 주식가액 중 가업자산 상당액에 대한 주식가액을 말하는 것으로, 상속세 및 증여세법 시행령 제15조 제5항 제2호를 준용하여 아래와 같이 계산합니다.

주식등의 가액×(1-법인 총자산가액 중 사업무관자산이 차지하는 비율)

⑤ 가업승계 요건

수증자(그 배우자 포함)는 증여세 과세표준 신고기한인 증여일이 속한 달의 말일부터 3개월 이내에 가업에 종사해야 하며, 증여일로부터 3년 이내에 대표이사로 취임해야 합니다. 수증자가 가업의 승계를 목적으로 주식 등을 증여받기 전에 해당 기업의 대표이사로 취임한 경우에도 적용됩니다.

4️⃣ 사후관리

증여세 과세특례를 적용받은 수증자가 증여일로부터 5년 이내에 가업승계를 이행하지 않거나 가업승계 후 주식을 증여받은 날로부터 5년 이내에 정당한 사유* 없이 아래에 해당하는 경우 증여세에 이자상당액을 가산하여 추징합니다.

① 가업에 종사하지 아니하거나 가업을 휴업하거나 폐업하는 경우

② 증여받은 주식등의 지분이 줄어드는 경우

* 정당한 사유
  1. 수증자가 사망한 경우로서 수증자의 상속인이 상속세 과세표준 신고기한까지 당초 수증자의 지위를 승계하여 가업에 종사하는 경우
  2. 수증자가 증여받은 주식 등을 국가 또는 지방자치단체에 증여하는 경우
  3. 그 밖에 기획재정부령으로 정하는 부득이한 사유에 해당하는 경우

5️⃣ 증여세 과세특례 적용 이후 가업상속공제 적용

증여세 특례대상인 주식 등을 증여받은 후 상속이 개시되는 경우 상속개시일 현재 다음 각 호의 요건을 모두 갖춘 경우에는 상속세 및 증여세법 제18조 제2항 제1호에 따른 가업상속으로 보아 관련 규정을 적용합니다.

① 상속세 및 증여세법 시행령 제15조 제3항에 따른 가업에 해당할 것
   다만, 법 제30조의6에 따라 피상속인이 보유한 가업의 주식 등의 전부를 증여하여 피상속인 주식 보유 요건을 충족하지 못하는 경우 상속인이 증여받은 주식 등을 상속개시일 현재까지 피상속인이 보유한 것으로 보아 요건을 적용하며, 더불어 가업상속공제 요건 중 대표자 재직 기간 요건은 적용하지 아니합니다.

② 수증자가 증여받은 주식 등을 처분하거나 지분율이 낮아지지 아니한 경우로서 가업에 종사하거나 대표이사로 재직하고 있을 것

6️⃣ 증여세 과세특례 규정에 대한 상속세 및 증여세 과세

① 해당 과세특례를 적용받은 주식에 대하여 증여받은 날부터 상속개시일까지의 기간과 관계없이 상속세 과세가액에 가산합니다. 이 경우 상속세 산출세액에서 가업승계 과세특례에 대한 증여세액을 공제하며, 공제할 증여세액이 상속세 산출세액보다 많은 경우 그 차액에 상당하는 증여세액은 환급하지 아니합니다.

② 동일인(그 배우자 포함)으로부터 증여받은 가업승계 주식가액 외의 다른 증여재산의 가액은 가업승계 주식에 대한 증여세 과세가액에 가산하지 아니합니다.

③ 가업승계에 대한 증여세 과세특례 규정을 적용받은 거주자는 창업자금에 대한 증여세 과세특례 규정을 적용받지 못합니다.

가업승계 증여세 특례 제도 핵심포인트
KEY POINTS

가업승계 대상 기업에 대한 주식가치가 지속적으로 상승하는 상황이라면 증여세 과세특례 제도를 통해 지분 증여에 대한 절세효과 및 증여 이후 주식가치 상승분을 자녀에게 귀속시킬 수 있는 장점이 있으며, 지난해 세법 개정에 따른 지분요건 완화, 한도 확대 및 사후관리기간 단축 등으로 인하여 동 특례 제도에 대한 활용도는 더욱 높아질 것으로 예상됩니다.

法人컨설팅을 위한
Insurance Tax Key Points

35
가업상속공제

1 개요

중소기업의 원활한 승계를 지원하기 위해 거주자인 피상속인이 생전에 10년 이상 영위한 중소기업 등을 상속인에게 정상적으로 승계한 경우 최대 600억 원까지 상속공제를 하여 가업승계에 따른 상속세 부담을 크게 경감시켜 주는 제도를 말합니다.

2 가업상속재산 및 가업상속공제 금액

① 가업상속재산

구분	개인기업	법인기업
가업상속재산	개인기업: 상속재산 중 사업용 순자산가액 (사업용 자산가액 – 사업용 부채가액)	상속재산 중 가업에 해당하는 법인의 주식·출자지분 평가액

* 가업에 해당하는 법인의 주식 등의 가액(사업무관자산 비율 제외)

[사업무관자산]
① 법인세법 §55의2(비사업용토지 등)에 해당하는 자산
② 법인세법 시행령 §49(업무무관자산) 및 타인에게 임대하고 있는 부동산
③ 법인세법 시행령 §61①2호(대여금)에 해낭하는 자신
④ 과다보유 현금(상속개시일 직전 5개 사업연도말 평균 현금 보유액의 150% 초과)
⑤ 법인 영업활동과 직접 관련이 없이 보유하고 있는 주식등, 채권 및 금융상품

② 가업상속공제 금액

구분	공제금액	공제한도
가업상속 공제금액	가업상속재산의 100%	피상속인이 10년 이상 경영: 300억 원 피상속인이 20년 이상 경영: 400억 원 피상속인이 30년 이상 경영: 600억 원

2개 이상의 가업상속 시 상속공제 금액 계산방법
둘 이상의 독립된 기업을 영위한 경우에는 해당 기업 중 계속하여 경영한 기간이 긴 기업의 계속 경영기간에 대한 공제한도를 적용하며, 상속세 과세가액에서 피상속인이 계속하여 경영한 기간이 긴 기업의 가업상속 재산가액부터 순차적으로 공제합니다.

가업상속 공제의 배제(상속세 납부능력 요건)
가업이 중견기업에 해당하는 경우로서 가업상속재산 외에 상속받거나 받을 상속재산의 가액이 해당 상속인이 상속세로 납부할 금액의 2배를 초과하게 되면 가업상속공제를 적용받지 못합니다.(「상속세 및 증여세법」 §18조의2 ②)

☞ 가업상속공제의 요건

구분	기준	내용
가업	계속 경영 기업	피상속인이 10년 이상 계속하여 경영한 기업
	중소기업	상속개시일이 속하는 소득세 과세기간 또는 법인세 사업연도의 직전 과세기간 또는 사업연도 말 현재 아래의 요건을 모두 갖춘 기업 ① 상증령 별표에 따른 가업상속공제 적용 업종을 주된 사업으로 영위 ② 조특령 §2 ① 1, 3호 요건(중소기업기본법상 매출액, 독립성 기준)을 충족 ③ 자산총액 5천억 원 미만
	중견기업	상속개시일이 속하는 소득세 과세기간 또는 법인세 사업연도의 직전 과세기간 또는 사업연도 말 현재 아래의 요건을 모두 갖춘 기업 ① 상증령 별표에 따른 가업상속공제 적용 업종을 주된 사업으로 영위 ② 조특령 §9 ④ 1, 3호 요건(중견기업 성장촉진 및 경쟁력 강화에 관한 특별법 시행령 §2 ② 1호, 독립성 기준)을 충족

구분	기준	내용
		③ 상속개시일의 직전 3개 소득세 과세기간 또는 법인세 사업연도 매출액 평균금액 5천억 원 미만
피상속인	주식 보유기준	피상속인을 포함한 최대주주 등 지분 40%(상장법인은 20%) 이상을 10년 이상 계속하여 보유
	대표이사 재직요건(3가지 중 1가지 충족)	가업 영위기간의 50% 이상 재직
		10년 이상의 기간(상속인이 피상속인의 대표이사 등의 직을 승계하여 승계한 날부터 상속개시일까지 계속 재직한 경우)
		상속개시일부터 소급하여 10년 중 5년 이상의 기간
상속인	연령	18세 이상
	가업종사	상속개시일 전 2년 이상 가업에 종사 〈예외 규정〉 ① 피상속인이 65세 이전에 사망진단서 ② 피상속인이 천재지변 및 인재 등으로 사망 ③ 상속개시일 2년 전부터 가업에 종사한 경우로서 병역·질병 등의 사유로 가업에 종사하지 못한 기간은 가업에 종사한 기간으로 봄.
	취임기준	신고기한까지 임원취임 및 신고기한부터 2년 이내 대표이사 취임
상속인	납부능력	가업이 중견기업에 해당하는 경우, 가업상속재산 외에 상속재산의 가액이 해당 상속인이 상속세로 납부할 금액에 2배를 초과하지 않을 것

* 업종 요건 적용 시 소비성서비스업 및 농수축산업 등 영농상속공제 적용대상 업종은 제외합니다.

 가업상속공제 적용

① 가업상속공제 금액 한도 개정 내용

사업영위기간	공제금액	
	'18. 1. 1.~'22. 12. 31.	'23. 1. 1. 이후
10년 이상	200억 원	300억 원
20년 이상	300억 원	400억 원
30년 이상	500억 원	600억 원

② 가업상속공제 적용 납부세액 비교

〈사례: 기본 가정〉

• 30년 이상 경영한 중소기업으로 가업상속재산만 700억 원
• 상속인은 자녀 1명이고 가업상속공제와 일괄공제만 있는 경우

구분	가업상속공제 적용대상	가업상속공제 적용대상 X
상속재산가액	700억 원	700억 원
가업상속공제액	−600억 원	
일괄공제	−5억 원	−5억 원
상속세 과세표준	95억 원	695억 원
세율	50%	50%
산출세액	42.9억 원	342.9억 원
신고세액공제	1.287억 원	10.287
자진납부세액	41억 6,130만 원	332억 6,130만 원

* 가업상속공제 적용으로 291억 원의 상속세 절감효과 발생

5 가업상속공제의 사후관리

① 상속세 및 이자상당액 납부

가업상속공제를 적용받았다 하더라도 가업상속인이 사후의무 요건을 이행하지 아니한 경우에는 상속세를 재계산 납부해야 합니다. 이 경우 사유발생일이 속하는 달의 말일부터 6개월 이내에 가업상속공제 사후관리추징사유신고 및 자진납부계산서를 관할 세무서장에게 제출하고 상속세와 이자상당액을 납부해야 합니다.

② 가업상속인의 사후의무 이행 위반 사유

가업상속인이 상속개시일부터 5년 이내에 정당한 사유 없이 다음 중 어느 하나의 위반 사항에 해당하는 경우를 말합니다.

구분	내용
가업종사	해당 상속인이 가업에 종사하지 아니하게 된 경우 ① 상속인이 대표이사 등으로 종사하지 아니하는 경우 ② 가업의 주된 업종을 변경하는 경우 ③ 해당 가업을 1년 이상 휴업(실적이 없는 경우 포함)하거나 폐업하는 경우
지분유지	주식 등을 상속받은 상속인의 지분이 감소된 경우 다만, 상속인이 상속받은 주식 등을 물납하여 지분이 감소한 경우는 제외하되, 이 경우에도 최대주주나 최대출자자에 해당해야 함.
가업유지	해당 가업용 자산의 40% 이상을 처분한 경우
고용유지 ("①"과 "②" 모두 해당)	① 상속개시일부터 5년간 정규직근로자 수 전체 평균이 상속개시일이 속하는 소득세 과세기간 또는 법인세 사업연도의 직전 2개 소득세 과세기간 또는 법인세 사업연도의 정규직근로자 수의 평균 90%에 미달하는 경우 ② 상속개시일부터 5년간 총급여액의 전체 평균이 상속개시일이 속하는 소득세 과세기간 또는 법인세 사업연도의 직전 2개 소득세 과세기간 또는 법인세 사업연도의 총급여액의 평균 90%에 미달하는 경우

③ 정당한 사유로 상속세가 추징되지 않는 경우

구분	내용
가업용 자산을 처분한 정당한 사유	법률에 따라 수용 또는 협의 매수되거나 국가 또는 지방자치단체에 양도되거나 가업상속 재산을 국가 또는 지방자치단체에 증여하는 등 정당한 사유로 당해 가업용 자산을 처분한 경우 이에 해당됩니다.
가업에 종사하지 아니한 정당한 사유	상속인이 법률에 따른 병역의무의 이행, 질병의 요양, 취학상 형편 등 부득이한 사유 등으로 가업에 종사하지 아니한 경우 이에 해당됩니다.
상속인의 지분이 감소한 정당한 사유	상속인이 사망하거나 합병·분할 등 조직변경에 따라 주식을 처분하는 등 정당한 사유로 상속 지분이 감소한 경우 이에 해당합니다.

가업상속공제 핵심포인트

가업승계컨설팅에서 가장 핵심적인 제도에 해당되는 가업상속공제 규정을 적용받기 위해서는 철저한 사전 준비 및 사후관리가 반드시 필요할 것이며, 장기간 동안 준수해야 하는 사후관리 규정으로 인해 실무에서 적용상 어려움이 있었지만 지난해 세법 개정을 등하여 사후관리 기간이 5년으로 단축되어 동 규정에 대한 적용 사례는 더욱 많아질 것으로 예상됩니다.

6️⃣ 가업승계를 위한 상속세 · 증여세 지원 제도

구분	주요 내용
가업상속공제제도 (상증법 제18조의2)	중소기업 등의 원활한 가업승계 지원을 위해 상속세 과세 가액에서 공제 * 가업영위기간에 따라 300억 원~600억 원 한도
가업의 승계에 대한 증여세 특례(조특법 제30조의6)	600억 원을 한도로 10억 원 공제 후, 120억 원까지 10% (120억 원 초과분은 20%) 세율 적용 * 가업영위기간에 따라 300억 원~600억 원 한도
가업상속에 대한 상속세 연부연납제도(상증법 제71조)	총상속세 중 가업상속재산 해당분은 20년 분할 납부 (또는 10년 거치 10년 분할 납부)
가업승계 시 납부유예제도(상증법 제72조의2, 조특법 제30조의7)	가업 재산을 상속 · 증여받은 거주자가 양도 · 상속 · 증여하는 시점까지 납부유예

36

가업승계에 대한 연부연납 제도

👆 개요

   연부연납이란 납세의무자로 하여금 납세자금을 준비하도록 하는 목적으로 세금을 여러 차례에 걸쳐 분할하여 납부할 수 있도록 납부기한을 연장하여 주는 제도입니다.

👆 연부연납 신청 요건

   다음의 요건을 충족하는 경우에는 납세자의 신청을 받아 연부연납을 허가할 수 있습니다.

① 상속세 또는 증여세 납부세액이 2천만 원 초과해야 함.
② 과세표준 신고기한(기한후 신고 포함)이나 납부고지서상의 납부기한까지 연부연납신청서 제출해야 함.
③ 납세담보 제공해야 함.

3️⃣ 연부연납 기한

구분		내용
상속	가업상속공제를 받았거나 가업상속 연부연납 요건을 충족하는 경우(①, ②)	연부연납 허가일부터 20년 또는 10년 거치 후 10년
	그 밖의 상속재산	연부연납 허가일부터 10년
증여	가업승계 증여세 과세특례	연부연납 허가일부터 15년
	그 외 증여재산	연부연납 허가일부터 5년

① 중소기업 또는 중견기업, 피상속인 및 상속인 요건

구분	내용
중소기업 및 중견기업	조특법 시행령 제2조 제1항에 따른 중소기업 또는 같은 영 제9조 제4항에 따른 중견기업을 상속받은 경우
피상속인 요건	① 최대주주(피상속인과 특수관계인의 주식 등 합산) 지분비율 40%(상장법인 20%) 이상 5년 이상 계속 보유 ② 5년 이상 계속 경영 & 대표이사 재직(전체 30% 이상, 5년 이상, 상속개시일부터 소급 5년 중 3년 이상)하는 경우
상속인 요건	① 상속개시일 현재 18세 이상일 것 나. 상속세 신고기한까지 임원 취임 및 신고기한부터 2년 이내 대표이사 취임

② 상속재산 요건

구분	내용
소득세법 적용 기업	기업활동에 직접 사용되는 토지, 건축물, 기계장치 등 사업용 자산(타인에게 임대하고 있는 부동산 및 부동산에 관한 권리 제외)의 가액에서 해당 자산에 대한 담보채무액 차감한 가액
법인세법 적용 기업	법인의 주식 등의 가액(해당 주식등의 가액에 그 법인의 총자산가액 중 상속개시일 현재 사업무관자산을 제외한 자산가액이 차지하는 비율을 곱하여 계산한 금액)

4️⃣ 연부연납 신청과 허가

연부연납 신청은 상속·증여세 과세표준 신고기한 또는 기한 후 신고서, 수정신고서 제출 시와 결정에 의한 납부고지서상 납부기한 내에 신청할 수 있습니다.

구분	신청	허가
과세표준 신고 시	상속·증여세 과세표준 신고기한까지 신청서 제출	과세표준 신고기한이 경과한 날부터 9개월(증여세는 6개월) 이내에 허가 여부를 서면으로 통지
기한 후 및 수정신고 시	상속·증여세 기한 후 및 수정신고 신고와 함께 신청서 제출	신고일이 속하는 달의 말일부터 9개월(증여세는 6개월) 이내에 허가 여부를 서면으로 통지
납세고지 시	납세고지서상 납부기한까지 연부연납신청서 제출	납세고지서의 납부기한이 경과한 날부터 14일 이내에 허가 여부를 서면으로 통지

5️⃣ 납세담보 제공

연부연납을 신청하는 경우 납세의무자는 연부연납 신청세액(연부연납 가산금 포함)에 상당하는 납세담보를 제공하여야 합니다.

연부연납의 신청 시 제공한 담보재산의 가액이 연부연납 신청세액에 미달하는 경우에는 그 담보로 제공된 재산의 가액에 상당하는 세액의 범위 내에서 연부연납을 허가할 수 있습니다.

① 금전
② 국채 또는 지방채 등
③ 납세보증보험증권
④ 은행, 신용보증기금 등의 납세보증서
⑤ 토지
⑥ 보험에 든 등기 등록된 건물, 공장재단 등

6 연부연납 취소 및 변경

납세지 관할 세무서장은 연부연납을 허가받은 납세의무자가 다음 어느 하나에 해당하게 된 경우에는 그 연부연납 허가를 취소하거나 변경하고, 그에 따라 연부연납과 관계되는 세액의 전액 또는 일부를 징수할 수 있습니다.

① 연부연납 세액을 지정된 납부기한(연부연납 신청일에 허가받은 것으로 보는 경우는 납부 예정일)까지 납부하지 아니한 경우

② 담보의 변경 또는 그 밖에 담보 보전에 필요한 관할 세무서장의 명령에 따르지 아니한 경우

③ 「국세징수법」 제9조 제1항 각 호의 어느 하나에 해당되어 그 연부연납 기한까지 그 연부연납과 관계되는 세액의 전액을 징수할 수 없다고 인정되는 경우

④ 상속받은 가업을 폐업하거나 해당 상속인이 가업에 종사하지 아니하게 되는 경우

37

가업승계에 대한 납부유예

1 개요

2023년 1월 1일 이후 상속 및 증여받는 분부터 승계받은 가업을 영위하는 기간 동안 상속세 및 증여세 납부 부담없이 가업을 경영할 수 있도록 지원하기 위하여 납부유예제도를 신설하였습니다. 가업승계를 받은 상속인 또는 수증자가 상속(증여)받은 가업재산을 양도ㆍ상속ㆍ증여하는 시점까지 상속세 또는 증여세의 납부를 유예하는 제도입니다.

납부유예제도는 가업상속공제 또는 증여세 과세특례 요건을 충족하는 중소기업이라면 신청할 수 있습니다. 단, 가업상속공제 또는 증여세 과세특례와 납부유예는 중복으로 적용할 수 없으므로, 가업상속공제 및 증여세 과세특례와 납부유예 중 하나만 선택할 수 있습니다.

납부유예제도는 기존 가업승계 지원제도에 비해 사후관리 요건이 완화된 것으로, 사후관리 기간은 5년이고 가업과 지분 요건만 유지하면 되며 업종 유지 요건은 없습니다. 즉, 업종을 변경해도 사후관리 요건 위반에 해당하지 않습니다.

2️⃣ 납부유예 신청 요건

구분	내용
가업상속에 대한 상속세 납부유예	① 상속인이 상속증여세법 제18조의2 제1항에 따른 가업(중소기업 한정)을 상속받았을 것(가업상속공제 준용) ② 가업상속공제(영농상속공제 포함)를 받지 아니하였을 것 ③ 납세담보를 제공하여야 함.
가업승계에 대한 증여세 납부유예	① 18세 이상인 거주자가 60세 이상의 부모로부터 가업(중소기업 한정)의 승계를 목적으로 해당 가업의 주식 또는 출자지분을 증여받았을 것(가업승계 과세특례 요건 준용) ② 가업승계에 대한 증여세 과세특례, 창업자금에 대한 증여세 과세특례를 적용받지 아니하였을 것 ③ 납세담보를 제공하여야 함.

3️⃣ 납부유예 대상세액

구분	내용
상속세 납부유예 세액	상속세 납부세액 X 가업상속재산/총상속재산가액
증여세 납부유예 세액	증여세 납부세액 X 가업자산상당액/총증여재산가액

4️⃣ 납부유예 신청과 허가

납부유예 신청은 상속·증여세 과세표준 신고기한 또는 기한 후 신고서, 수정신고서 제출 시와 결정에 의한 납부고지서상 납부기한 내에 신청할 수 있습니다.

구분	신청	허가
과세표준 신고 시	상속 · 증여세 과세표준 신고기한까지 신청서 제출	과세표준 신고기한이 경과한 날부터 9개월(증여세는 6개월) 이내에 허가 여부를 서면으로 통지
기한 후 및 수정신고 시	상속 · 증여세 기한 후 및 수정신고 신고와 함께 신청서 제출	신고일이 속하는 달의 말일부터 9개월(증여세는 6개월) 이내에 허가 여부를 서면으로 통지
납세고지 시	납세고지서상 납부기한까지 연부연납신청서 제출	납세고지서의 납부기한이 경과한 날부터 14일 이내에 허가 여부를 서면으로 통지

5 납세담보

납부유예 신청을 하는 경우 담보할 국세의 100분의 120 이상의 가액에 상당하는 납세 담보를 제공하여야 하며, 현금 · 납세보증보험증권 또는 「은행법」에 따른 은행의 납세보증서의 경우에는 100분의 110에 상당하는 담보를 제공해도 가능합니다.

6 납부유예 취소

상속세 및 증여세 납부유예를 허가받은 납세의무자가 다음에 해당하게 된 경우에는 그 납부유예 허가를 취소하거나 변경하고, 납부유예에 관계되는 세액의 전액 또는 일부와 이자상당액을 징수할 수 있습니다.

① 담보의 변경 또는 그 밖에 담보 보전에 필요한 관할 세무서장의 명령에 따르지 아니한 경우
② 납기 전 징수 사유(국세징수법 제9조제1항)에 해당되어 그 납부유예에 관계되는 세액의 전액을 징수할 수 없다고 인정되는 경우

7 납부유예 사후관리

납부유예를 적용받았다 하더라도 상속인이나 수증인이 사후 의무 요건을 이행하지 아니한 경우에는 상속세액(증여세액)과 이자상당액을 징수합니다.

구분	사유	납부세액
상속세 납부유예	① 소득세법상 가업상속받은 가업용자산 40% 이상 처분하는 경우	납부유예세액 × 가업용자산 처분비율
	② 상속인이 가업에 종사하지 아니하게 된 경우	납부유예세액 전부
	③ 주식 등 상속받은 상속인 지분 감소한 경우 Ⓐ 5년 이내 감소 Ⓑ 5년 이후 감소 단, 증여세 과세특례, 증여세 납부유예 시 제외	Ⓐ 납부유예세액 전부 Ⓑ 납부유예세액 × (감소지분율/ 상속개시일 지분율)
	④ 가업상속공제 사후관리 요건 중 근로자수 및 총급여액 관련 기준 위반한 경우 • 정규직 근로자 수 5년간 전체 평균 직전 2년간 70% 미달하는 경우 • 총급여액 5년간 전체 평균 직전 2년간 70% 미달하는 경우	납부유예세액 전부
	⑤ 해당 상속인이 사망 후 상속 개시되는 경우 단, 재상속 시 그 상속인 가업상속공제 적용 또는 납부유예받는 경우 제외	납부유예세액 전부
증여세 납부유예	① 해당 거주자가 가업에 종사하지 아니하게 된 경우	납부유예세액 전부
	② 증여받은 주식 등 지분 감소한 경우 Ⓐ 5년 이내 감소 Ⓑ 5년 이후 감소 단, 증여세 과세특례, 증여세 납부유예 시 제외	Ⓐ 납부유예세액 전부 Ⓑ 납부유예세액 × (감소지분율/ 증여일 지분율)
	③ 증여일로부터 5년간 다음 요건 모두 해당 • 정규직 근로자 수 5년간 전체 평균 직전 2년간 70% 미달하는 경우 • 총급여액 5년간 전체 평균 직전 2년간 70% 미달하는 경우	납부유예세액 전부
	④ 해당 거주자 사망하여 상속 개시된 경우 • 상속 시 그 상속인 가업상속공제 또는 납부유예 적용받는 경우 제외	납부유예세액 전부

VII

업무용승용차 관련 특례 및 기타 사항

법인컨설팅을 위한
보 험 세 무 핵 심 포 인 트

38

업무용승용차 관련 비용에 대한 손금특례

 **도입 취지**

통상 승용자동차의 경우 업무용 사용 여부에 대한 확인이 어렵다는 점을 이용하여 업무용으로 취득한 고가의 차량을 사적으로 사용하거나 일부만 업무용으로 사용한 경우에는 사적으로 사용한 부분만을 명확하게 구분하여 과세하는 것이 현실적으로 어려운 측면이 있어 업무용승용차의 사적사용을 방지하고, 사적·업무용 사용이 혼용되는 차량 등에 대한 합리적인 과세를 위해 명확한 과세기준을 정립하게 되었습니다.

 **적용 사업자**

법인 및 개인사업자 중 복식부기의무자

3️⃣ 업무용승용차 범위

구분	업무용승용자동차 범위	제외 대상
업종	승용자동차를 영업에 직접 사용하지 않는 업종	운수업, 자동차판매업, 자동차임대업(렌터카), 시설대여업(차량리스), 운전학원업, 경비업, 장의업 등 사업 위해 보유·임차하는 수익용 승용차, 국토교통부 장관 허가 득한 자율주행자동차
차량	법인, 개인사업자가 취득하거나 임차(리스 포함)한 차량 중 개별소비세가 부과되는 8인승 이하 승용자동차	9인승 이상 승합차, 화물차, 버스, 배기량 1,000cc 이하 경차

4️⃣ 업무용승용차 관련 비용

일반 승용차(경차, 승합차, 트럭 등은 제외)의 구입 또는 리스(렌트 포함)와 관련하여 발생하는 감가상각비, 리스료, 유류비, 보험료, 수리비, 자동차세, 통행료 등 제반 비용을 말합니다.

5️⃣ 손금 인정 요건

구분	법인사업자	개인사업자
차량 명의	법인명의차량	본인명의차량
임직원전용 자동차보험 가입	해당 사업연도 전체 기간 동안 업무전용자동차보험에 가입해야 하며, 미가입 시에는 관련 비용 전액을 손금으로 인정받지 못합니다.	2021. 1. 1.부터는 성실신고확인대상자와 전문직 종사자에 한하여 업무전용자동차보험 가입의무(1대인 경우 제외)가 생기며, 미가입 시에는 관련 비용의 50%만 필요경비 인정합니다.
차량 운행일지	업무사용비율만큼 비용을 인정받고자 한다면 승용차별로 운행 기록 등을 작성·비치해야 하며, 관할 세무서장이 요구할 경우 즉시 제출해야 합니다. 운행기록부 작성 부담을 덜어주기 위해 운행기록부를 작성하지 않더라도 연간 1,500만 원 한도 내에서 비용을 인정합니다.	
법정의무 상각	업무용승용차는 의무적으로 감가상각을 해야 하고, 5년 정액법 감가상각만 인정합니다.	
업무용 전용 번호판	24.1.1 이후부터 법인업무용 전용 등록번호판 부착 요건 추가	

6 기타 사항

① 감가상각비 및 임차료, 처분손실 연간 한도

고가차량을 구입하거나 임차해 단기간 내에 감가상각비·임차료를 비용으로 많이 공제하는 것을 방지하기 위해 연간 비용인정 한도를 800만 원으로 제한하고 있으며, 800만 원을 초과하는 금액은 해당 사업연도(과세연도)의 다음 연도부터 800만 원 한도로 비용에 산입합니다.

또한 고가차량을 단기간 내에 교체하는 방식으로 처분 손실을 비용으로 많이 공제하는 것을 방지하기 위해 감가상각비·임차료와 같이 연간 한도(800만 원) 및 이월공제(800만 원 한도)로 비용인정 금액을 제한하고 있습니다.

② 사적 사용금액

구분	법인사업자	개인사업자
내용	사적 사용으로 확인된 금액(업무전용자동차보험 미가입 포함)은 비용으로 인정하지 않고 그 업무용승용차 사용자에게 소득처분 합니다. 따라서 법인세뿐만 아니라 소득 귀속자인 사용자도 추가로 소득세를 부담해야 합니다.	필요경비로 인정되지 않으므로 소득세를 부담해야 합니다.

업무용승용차 과세특례 핵심포인트   KEY POINTS

보험현장에서 법인업체 자동차보험을 관리하는 과정에서 임직원 한정특약(업무전용자동차보험)가입을 제대로 챙기지 못해서 고객으로부터 민원이 발생하는 사례가 종종 있으니, 업무용승용차 과세특례 내용을 숙지하고 해당 업무를 처리하기 바랍니다.

39

법인청산에 따른 법인세 및 소득세 과세 방법

1️⃣ 청산소득에 대한 법인세

청산이란 법인격 소멸의 원인으로 해산된 회사가 법률관계를 정리하고 잔여재산을 분배하는 절차를 말합니다. 법인이 해산으로 청산하는 경우 각 사업연도 소득에 대한 법인세와 청산소득에 대한 법인세를 부담하게 되는데, 내국법인의 청산기간 중에 생기는 각 사업연도의 소득금액이 있는 경우에는 이를 그 법인의 해당 각 사업연도의 소득금액에 산입하여 계산하게 됩니다.

[청산소득금액 산정]

법인이 해산하는 경우 그 청산소득의 금액은 아래와 같이 계산합니다.

청산소득금액=잔여재산가액−해산등기일 현재 자기자본 총액

상기에서 자기자본 총액은 해산등기일 현재 자본금 또는 출자금과 잉여금 합계액으로 산정하며, 잔여재산가액은 자산총액에서 부채총액을 공제한 금액입니다. 결국 청산소득금액은 법인의 모든 자산을 현금화해서 부채를 상환하고 남은 잔여재산 중 주주에게 반환해야 하는 자본금과 이미 법인세가 과세되었던 당기순이익에 대한 누계금액인 이익잉여금을 초과하는 부분에 대해서 과세하는 것으로 대표적으로 사업용 자산의 가치 상승분, 각 사업연도 소득에 대한 법인세 탈루 금액 등이 이에 해당됩니다.

🫵 주주에 대한 의제배당

법인이 해산으로 청산을 하는 경우 해산한 법인의 주주가 잔여재산의 분배로서 받는 재산가액이 해당 주식을 취득하기 위하여 사용한 금액을 초과하는 금액은 의제배당으로 과세됩니다. 청산 시 의제배당은 해당 법인이 그동안 얻은 이익을 배당하지 않고 사내에 유보해 둔 금액을 일시에 분배받는 성격이기 때문에 배당소득으로 간주하겠다는 취지입니다.

이러한 청산에 따른 잔여재산 분배 과정에서 주주에게 의제배당으로 2천만 원을 초과하는 배당소득이 발생한다면 금융소득 종합과세대상에 해당되어 다른 소득과 합산 종합소득세를 부담해야 합니다. 이에 따라 청산을 고려하고 있는 법인 대표자에게 배당소득보다 퇴직소득으로 처리하는 것이 세부담을 줄일 수 있는 방법이라고 설명하면서 임원퇴직금을 최대한 활용할 수 있도록 CEO플랜 등을 통한 사전 준비가 중요하다는 내용으로 설득할 수 있습니다.

🫵 기타 사항

상법에 의하여 설립한 법인이 사업을 폐지한 경우에도 상법에 의한 해산 및 청산절차를 이행하지 아니한 경우에는 당해 법인이 계속 존속하는 것으로 보는 것이므로, 법인이 휴업한 경우에도 사업연도별 결산을 하여 법인세 과세표준 신고를 해야 합니다.

마지막 등기 이후 8년이 경과하면 등기부가 자동 폐쇄되어 청산종결 간주되므로 잔여재산이 없다면 실무적으로 해산, 청산절차를 생략하기도 합니다.

법인청산에 따른 의제배당 핵심포인트

법인을 청산하는 과정에서 잔여재산을 주주에게 분배한다면 배당으로 간주되어 주주에게 배당소득세가 과세될 수 있기 때문에 청산을 고려하고 있는 법인 고객에게 정관상 규정된 임원퇴직금 지급을 통해 잔여재산을 줄일 수 있다는 점을 강조하면서 법인 CEO플랜 제안까지 연결시킬 수 있을 것입니다.

40
제척기간 및 소멸시효

1 개요

상속 및 증여 관련 고객 상담 과정에서 혹시 세금 부과는 언제까지 가능한지에 대하여 물어보는 경우가 종종 발생하게 됩니다. 이런 경우 국세부과의 제척기간에 대한 질문에 해당되는데, 현실에서는 소멸시효와 자주 혼동하는 경우가 많아 아래와 같이 국세부과의 제척기간 및 국세징수의 소멸시효를 구분 설명하고자 합니다.

○ 국세부과의 제척기간과 국세징수권 소멸시효

납세의무 성립	부과권	납세의무 확정	징수권	납세의무 소멸
납세의무 객관적 발생	제척기간	과세요건에 따라 세액 계산까지 구체적으로 확정	소멸시효	납부, 충당, 부과취소 등으로 소멸

* 납세의무 확정 방식

구분	신고납세제도	정부부과제도
의의	납세의무자	정부에서만 확정권 부여(납세자 신고 협력의무에 불과)
대표 세목	소득세, 법인세, 부가가치세	상속세, 증여세 등
확정주체	납세의무자	정부
효력 발생	신고서 제출	결정통지서 도달

② 국세부과의 제척기간

① 국세부과의 제척기간 규정

국세부과의 제척기간이란 국가가 국세를 부과할 수 있는 기간을 말하는 것으로 만약 과세관청의 국세부과권에 대한 기간 제한 규정이 없다면 납세자의 조세 지위가 불안정해지고 이로 인한 막대한 사회적 비용이 지출될 수 있으며, 법질서 및 국세행정 측면에서도 조세 채권 및 채무관계를 조속히 확정시킬 필요가 있으므로 당해 국세부과의 제척기간을 규정하고 있는 것입니다.

구분		제척기간
일반세목	사기, 부정한 행위	10년
	무신고	7년
	그 외	5년
상속세, 증여세	무신고 및 사기, 부정한 행위	15년
	그 외	10년

② 제척기간의 기산일

국세부과의 제척기간 만료에 대한 계산상 기준이 되는 제척기간 기산일은 국세를 부과할 수 있는 날이며, 상기에서와 같이 항목별 국세부과 제척기간이 경과할 때 국세를 부과할 수 없습니다.

구분	기산일
과세표준 및 세액을 신고하는 국세	과세표준 신고기한의 다음 날
종합부동산세 및 인지세	납세의무 성립일

3️⃣ 국세징수권의 소멸시효

① 소멸시효 규정

국세징수권의 소멸시효란 국가가 국세징수권을 장기간 행사하지 않을 때 그 징수권을 소멸시키는 제도입니다. 국세의 누수를 방지하고 안정적인 조세 채권 확보를 목적으로 하고 있으며, 국세징수권의 소멸시효는 5억 원 이상 국세의 경우 10년, 이외의 국세는 5년으로 규정하고 있습니다.

② 소멸시효의 기산일

구분		소멸시효의 기산일
원칙적 기산일	신고납세제도	법정신고납부기한의 다음 날
	정부부과제도	납세고지에 따른 납부기한의 다음 날
예외적 기산일	원천징수 및 인지세 고지가 이루어진 경우	

③ 소멸시효의 중단

소멸시효는 납세고지, 독촉 또는 납부 최고, 교부 청구, 압류 등의 사유로 중단될 수 있습니다. 시효를 중단한다는 것은 해당 사유의 발생으로 인해 이미 경과한 시효기간의 효력이 상실되는 것을 뜻하며, 다시 전체 기간을 진행해야 소멸시효가 완성되는 것입니다.

만약 납세자가 법인세 7억 원을 신고 후 납부하지 않고 9년 11개월이 경과되는 시점에 과세관청이 독촉 또는 납세고지를 하는 경우, 중단 사유 발생으로 인해 새롭게 소멸시효 10년이 적용되는 것입니다.

④ 소멸시효의 정지

세법에 따른 분납기간, 징수 유예기간, 체납처분 유예기간, 연부연납 기간,
세무공무원이 사행행위 취소의 소를 제기하여 소송이 진행 중이라면 소멸시효가
정지됩니다. 이러한 정지는 시효의 진행 중 정부가 그 권리를 행사할 수 없을
때 그 기간만큼 시효의 완성을 유예하는 것을 말하는 것입니다.

4 제척기간 및 소멸시효 비교

구분	국세부과의 제척기간	국세징수권의 소멸시효
의미	국가가 국세를 부과할 수 있는 기간	국가가 국세징수권을 행사할 수 있는 기간
기산일	국세를 부과할 수 있는 날	국세징수권을 행사할 수 있는 날
중단/정지	없음.	중단 및 정지 있음.
기간만료 효과	장래를 향해 부과권 소멸	기산일로 소급 징수권 소멸

제척기간 및 소멸시효 핵심포인트
KEY POINTS

실무적으로 국세부과 제척기간과 국세징수권 소멸시효와 혼동되는 경우가 많은데, 이
에 대해 명확하게 구분해서 인지하고 있어야 합니다.

41

불복청구 절차

👆 1 사전 권리구제 제도

① 과세전적부심사청구 개요

관할 세무서 · 지방국세청으로부터 세무조사결과통지 또는 업무감사 및 세무조사 파생자료 등에 의한 과세예고통지를 받았을 때, 받은 날로부터 30일 이내에 세무서 · 지방국세청에 과세예고통지 내용의 적법성에 관한 심사를 청구할 수 있는 제도입니다.

② 과세전적부심사청구 결과 통지

청구서가 접수되면 해당 세무서 · 지방국세청 · 국세청에서는 접수받은 날로부터 30일 이내에 국세심사위원회의 심의를 거쳐 결정하고 그 결과를 통지해 줍니다.

🖐 사후 권리구제 제도

① 이의신청

납세고지를 받은 날 또는 세금부과 사실을 안 날로부터 90일 이내에 고지한 세무서 또는 소관 지방국세청에 이의신청을 할 수 있습니다. 단, 세무서에 과세전적부심사를 청구한 경우에는 소관 지방국세청에 이의신청을 해야 합니다.

이의신청서를 접수한 날로부터 30일 이내에 결정합니다. 다만, 이의 신청인이 당초 결정기간 30일 내에 항변서를 제출하는 경우에는 60일 이내에 결정하고 그 결과를 통지해 줍니다.

② 심사청구 및 심판청구

납세고지를 받은 날 또는 세금부과 사실을 안 날로부터 90일 이내에 심사 또는 심판청구를 할 수 있습니다. 이의신청을 한 경우에는 이의신청의 결정통지를 받은 날로부터 90일 이내에 심사 또는 심판청구를 할 수 있습니다. 다만, 이의신청 결정기간 내에 결정통지를 받지 못한 경우 결정통지를 받기 전이라도 그 결정기간이 지난날부터 심사 또는 심판청구가 가능합니다. 심사·심판청구를 접수한 날로부터 90일 이내에 결정하여 청구인에게 그 결과를 통지해 줍니다.

③ 행정소송

심사청구, 심판청구 또는 감사원 심사청구에 의해 권리구제를 받지 못한 경우에는 결정통지를 받은 날로부터 90일 이내에 해당 세무관서를 관할하는 법원에 소송을 제기하면 됩니다.

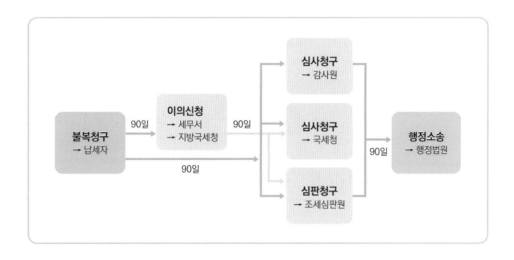

* 이의신청을 거치지 아니하고 심사청구(또는 감사원 심사청구)나 심판청구를 할 수 있으나, 행정소송은 반드시 심사청구(또는 감사원 심사청구), 심판청구를 거쳐야 합니다. 다만, 감사원 심사청구는 행위가 있음을 안 날부터 90일 이내, 행위가 있은 날부터 180일 이내에 청구해야 합니다.

🖐️ 고충민원 신청

세법을 잘 알지 못하고, 경제적 어려움 등으로 불복청구 제도를 이용하지 못하는 영세납세자에 대한 행정에 의한 권리구제 제도입니다.

불복청구 핵심포인트

KEY POINTS

납세자가 억울하게 세금부과 처분을 받은 경우 이를 구제하기 위한 제도로 이의신청, 심사 및 심판청구 등 조세불복청구 제도를 마련하고 있으며, 만약 불복청구를 이용하기 어려운 납세자에 대해서는 고충민원을 통해 권리구제가 가능합니다.

42
수정신고 및 경정청구 제도

☞ 개요

당초 과세표준 및 세액을 과소하게 신고하거나 납부한 경우 또는 세금을 과다하게 신고·납부한 경우 납세의무자가 이를 정정하여 신고할 수 있는데, 수정신고 및 경정청구 제도를 활용하면 가능합니다.

☞ 수정신고

① 개요

이미 신고한 과세표준 및 세액이 과소(결손금 및 환급세액이 과대)한 경우 또는 이미 신고한 내용이 불완전한 경우 납세의무자가 이를 정정 신고하는 것을 수정신고라고 하며, 납세의무자 입장에서는 스스로 자기 보정을 통해 가산세 감면의 효과를 누릴 수 있는 장점이 있습니다.

② 수정신고서 제출

과세표준신고서를 법정신고기한까지 제출한 자는 ① 과세표준 및 세액 과소신고, ② 결손금 및 환급세액 과대신고, ③ 연말정산과정에서 불완전신고 등에 해당할 때 과세표준 및 세액을 결정 또는 경정하여 통지하기 전으로서 국세부과의 제척 기간이 끝나기 전까지 납세지 관할 세무서장에게 과세표준수정신고서를 제출할 수 있습니다.

3 경정청구

(1) 개요

이미 신고, 결정, 경정된 과세표준 및 세액 등이 과대(또는 결손금, 환급세액이 과소)한 경우 과세관청으로부터 이를 정정하여 결정 또는 경정하도록 촉구하는 납세 의무자의 청구를 말합니다. 즉, 당초 신고한 매출이 과대일 때 또는 매입이 과소로 신고된 경우 경정청구를 하게 됩니다.

이러한 경정청구에는 ① 통상적인 경정청구와 ② 후발적 사유로 인한 경정청구가 있습니다.

(2) 경정청구 요건 및 신청

① 통상적인 경정청구

과세표준신고서를 법정신고기한까지 제출한 자는 과세표준 및 세액을 과대신고하거나 결손금 및 환급세액을 과소신고한 때 법정신고기한이 지난 후 5년 이내에 관할 세무서장에 청구할 수 있습니다.

② 후발적 사유로 인한 경정청구

과세표준신고서를 법정신고기한까지 제출한 자가 최초 신고에서 과세표준의 계산 근거가 거래 등의 소송으로 인해 변경되는 등 국세기본법 제45조의2 제2항에서 규정한 후발적 사유가 발생하였을 때에는 그 사유가 발생한 것을 안 날부터 3개월 이내에 결정 또는 경정을 청구할 수 있습니다.

(3) 경정청구의 효력

경정청구를 받은 세무서장은 그 청구를 받은 날부터 2개월 이내에 과세표준 및 세액을 결정 또는 경정하거나 결정 또는 경정해야 할 이유가 없다는 뜻을 그 청구를 한 자에게 통지해야 합니다. 다만, 청구를 한 자가 2개월 이내에 아무런 통지를 받지 못한 경우에는 통지를 받기 전이라도 그 2개월이 되는 날의 다음 날부터 이의신청, 심사청구, 심판청구 또는 감사원법에 따른 심사청구를 할 수 있습니다.

구분	수정신고	경정청구	
		통상적 경정청구	후발적 사유로 인한 경정청구
사유	당초 과소신고(또는 불완전 신고)	당초 과대신고	후발적 사유로 인한 과세표준 변동
기한	결정, 경정 통지하기 전으로 국세부과 제척기간 끝나기 전까지	법정 신고기한 지난 후 5년 이내	후발적 사유 발생한 것을 안 날부터 3개월 이내
효력	① 신고납세제도 증액 확정력 있음. ② 정부부과제도 증액 확정력 없음.	감액 확정력 없음.	감액 확정력 없음.
통지	규정 없음.	청구받은 날로부터 2개월 이내 통지	

4️⃣ 기한 후 신고

기한 후 신고란 법정신고기한까지 신고를 하지 않았을 때 관할 세무서장이 해당 국세의 과세표준 및 세액을 결정하여 통지하기 전까지 납세의무자가 신고 기한 이후에 신고하는 것을 말합니다.

앞서 살펴본 수정신고와 경정청구는 납세의무자가 신고기한 내에 신고했을 때에만 적용되는 것이며, 기한 후 신고는 신고기한에 신고를 하지 않아 기한이 지난 후 신고를 하는 것을 의미합니다.

수정신고 및 경정청구 핵심포인트   KEY POINTS

당초 신고한 과세표준 및 세액이 과소하게 신고·납부하였거나 과다하게 신고·납부한 경우 납세자 스스로 이를 정정할 수 있도록 수정신고 및 경정청구 제도를 마련해 놓고 있습니다. 최근 세금 환급을 위한 경정청구 컨설팅을 영업현장에서 많이 활용하고 있는 상황입니다.

부록

상속세 및 증여세 계산흐름도

컨설팅보고서 샘플_법인전환

규정 샘플_임원퇴직금 지급규정 등

상속세 계산흐름도

총상속재산가액	※ 본래의 상속재산(사망 또는 유증·사인증여로 취득한 재산) ※ 간주상속재산(보험금 · 신탁재산 · 퇴직금 등) ※ 추정상속재산 　- 피상속인이 사망 전 1년(2년) 이내에 2억 원(5억 원) 이상 처분한 재산 또는 부담 　　한 채무로써 용도가 불분명한 금액

−

비과세 및 과세가액 불산입액	※ 비과세 재산(국가 · 지자체에 유증한 재산, 금양임야 등) 　과세가액 불산입재산(공익법인 등의 출연재산, 공익신탁재산)

−

공과금·장례비용·채무	

+

사전증여재산가액	※ 피상속인이 상속개시일 전 10년 이내에 상속인에게 증여한 재산가액 및 5년 이내 　에 상속인이 아닌 자에게 증여한 재산가액 　(단, 증여세 특례세율 적용 대상인 창업자금 및 가업승계주식은 기간에 관계없이 합산)

상속세과세가액	

−

상속공제	※ (기초공제 + 그 밖의 인적공제)와 일괄공제(5억 원) 중 큰 금액 ※ 가업(영농)상속공제 · 배우자 상속공제 · 금융재산 상속공제 · 재해손실공제 · 　동거주택 상속공제 　- 단, 위 합계 중 공제적용 종합한도 내 금액만 공제 가능

−

감정평가수수료	※ 부동산감정평가법인의 수수료 등

상속세 과세표준	

세율		

과세표준	1억 원 이하	5억 원 이하	10억 원 이하	30억 원 이하	30억 원 초과
세율	10%	20%	30%	40%	50%
누진 공제액	없음	1천만 원	6천만 원	1억 6천만 원	4억 6천만 원

산출세액	※ (상속세 과세표준 × 세율) − 누진공제액

+

세대생략 할증과세액	※ 상속인이나 수유자가 피상속인의 자녀를 제외한 상속인의 직계비속이면 그 해당세 　액에 30% 할증(단, 미성년자가 20억 초과하여 상속받는 경우 40% 할증) 　- 다만, 대습상속인 경우 제외

−

세액공제	※ 신고세액공제 · 증여세액공제 · 단기재상속세액공제 · 외국납부세액공제 · 문화재자료 　징수유예세액

+

신고납부불성실 가산세등	

−

연부연납·물납·분납	

납부할상속세액	

증여세 계산흐름도

증여재산가액

※ 국내외 모든 증여재산으로 증여일 현재의 시가로 평가

－

비과세 및 과세가액 불산입액

※ 비과세(사회통념상 인정되는 피부양자의 생활비, 교육비 등)
※ 과세가액 불산입재산(공익목적 출연재산 등)

－

채무부담액

※ 증여재산에 담보된 채무인수액(임대보증금, 금융기관채무 등)

＋

증여재산가산액

※ 당해 증여일 전 동일인으로부터 10년 이내에 증여받은 증여재산가액의 합계액이
1천만 원 이상인 경우 그 과세가액
－ 증여자가 직계존속인 경우 그 배우자 포함

↓

증여세과세가액

증여재산공제등

※ 수증자가 **다음의 증여자**로부터 증여받는 경우 적용

증여자	배우자	직계존속	직계비속	기타친족*
공제 한도액	6억 원	5천만원/혼인출산 시 1억 원 추가 공제 (수증자가 미성년자인 경우 2천만 원)	5천만 원	1천만 원

* 6촌 이내 혈족 및 4촌 이내 인척
－ 위 증여재산공제 한도는 10년 간의 누계한도액임.

－

감정평가수수료

※ 부동산감정평가법인의 수수료 등

증여세과세표준

×

세율

과세표준	1억 원 이하	5억 원 이하	10억 원 이하	30억 원 이하	30억 원 초과
세율	10%	20%	30%	40%	50%
누진 공제액	없음	1천만 원	6천만 원	1억 6천만 원	4억 6천만 원

산출세액

※ (증여세 과세표준×세율) － 누진공제액

＋

세대생략 할증과세액

※ 세대생략 증여 시 30% 할증
(단, 미성년자가 20억 원을 초과하여 수증한 경우 40% 할증)
－ 다만, 증여자의 최근 친 직계비속이 사망하여 세대생략 증여 시 제외

세액공제등

※ 신고세액공제 · 납부세액공제 · 외국납부세액공제 · 문화재자료 징수유예세액

＋

신고납부불성실 가산세등

연부연납·분납

※ 물납 불가

납부할 증여세액

컨설팅 보고서 샘플

실전 법인전환 컨설팅 전략

I. 법인전환 개요

---

1. 회사 개요

2. 개인기업과 법인기업의 비교

3. 법인전환 유형

4. 법인전환 시점의 주요 세제지원

---

1. 회사 개요

◎ 개인기업/기계부품제조업

<table>
<tr><th colspan="2">회사 개요</th></tr>
<tr><th>구분</th><th>내용</th></tr>
<tr><td>기업명</td><td>XX공업사</td></tr>
<tr><td>업태/종목</td><td>제조/기계부품제조</td></tr>
<tr><td>기업형태</td><td>개인 중소기업</td></tr>
<tr><td>신고유형</td><td>복식부기의무, 성실신고대상자</td></tr>
<tr><td rowspan="4">회사연혁</td><td>20**.**.** 회사 설립</td></tr>
<tr><td>20**.**.** ISO9001 품질인증</td></tr>
<tr><td>20**.**.** 사업장이전(현 소재지)</td></tr>
<tr><td>20**.**.** 연구전담부서 설치</td></tr>
</table>

손익현황

(단위: 천 원)

구분	2021년	2022년	2023년
매출액	1,698,960	3,936,100	3,026,080
영업이익	127,880	1,308,960	737,000
당기순이익	100,100	1,270,500	702,640

재무상태

(단위: 천 원)

구분	2021년	2022년	2023년
총자산	2,497,520	2,673,330	3,315,220
부채	1,241,300	1,098,230	1,214,860
자본	1,256,220	1,575,100	2,100,360

2. 개인기업과 법인기업의 비교

◎ 개인기업과 법인기업 차이내역

구분	개인기업	법인기업
적용세법	소득세법	법인세법
세율	6~45%	9~24%
장점	- 소득에 대한 별도의 배분절차 불필요 (기업의 소득 = 기업주의 소득)	- 동일규모의 개인기업에 비해 세무조사 선정 가능성 낮음. - 대표이사 급여 및 퇴직금의 세무상 비용처리 가능
단점	- 규모가 커지는 경우 세부담이 급격히 증가함 - 대표자는 개인기업 채무에 대해 무한책임을 짐 - 대표자 급여 및 퇴직금의 세무상 비용처리 불가능	- 법인세가 과세된 소득을 별도의 배분절차를 거쳐야만 기업주에게 귀속 가능(급여, 배당 등) - 세무관리를 부실하게 할 경우 추징세액 과다해짐 - 법인자금을 대표이사 등이 유용 시 세무상 제재
설립 및 청산	- 설립절차가 단순(사업자등록) - 청산절차가 단순(폐업신고 및 부가세 신고)	- 설립절차가 복잡(사업자등록+법인설립등기) - 청산절차가 복잡(폐업신고 및 부가세 신고, 별도 법인청산절차 필요)
가업승계 측면	- 증여세과세특례적용 불가 - 가업상속공제는 사업용 순자산가액 적용	- 증여세과세특례적용 가능 - 피상속인 가업 해당 법인 주식 평가액 적용

2. 개인기업과 법인기업의 비교

◎ 법인전환 효과

구분	내용
기업의 유지 발전	- 개인기업에 비해 법인기업은 기업의 영속성과 발전성이 강함. - 개인기업의 경우에는 기업가의 교체 사망 등 기업주의 개인적 사정이 기업의 존속에 중대한 영향을 미치지만, 법인기업의 경우에는 출자자의 개인적 사정이 기업의 존속에 큰 영향을 미치지 아니함. - 전문경영인의 활용을 통해 기업 발전을 위한 경영합리화 도모할 수 있음.
직원 복지 증대 및 주인의식 제고	- 주식회사는 우리사주조합제도 도입할 수 있으며, 경영성과에 따라 배당도 받을 수 있어 임직원 주인의식 증대 기대
기업의 대외신용도 제고	- 개인기업보다 법인기업이 신용도가 높다고 생각하는 사회적 인식에 따라 법인전환을 함으로써 기업의 대외신용도를 높일 수 있음.
세금의 절감	- 현행 법인세율과 소득세율의 차이로 인하여 일정 규모 이상의 동일한 이익을 내는 기업체의 경우 세금 납부액에 있어서 개인기업보다 법인기업이 상대적으로 낮음(단, 법인소득을 개인에게 귀속시키기 위한 추가적인 급여, 배당 등의 배분절차에 따른 세부담 추가 발생).
자금조달의 원활화와 다양화	- 법인은 다수의 주주로부터 자본을 용이하게 조달할 수 있고 회사채발행·기업공개도 가능하여자금조달이 개인기업 보다 유리함.

2. 개인기업과 법인기업의 비교

◎ 법인전환 제약 요인

구분	내용
법인전환 소요비용	- 법인전환 과정에서 양도소득세, 등록세, 취득세, 감정평가보수, 회계감사보수, 공증수수료 등의 각종 세금및 수수료가 발생하게 됨.
전환절차의 복잡성	- 법인전환 절차는 그 요건이 까다로울 뿐 아니라, 법인전환에 관한 통일된 단일법이 아니라 관련된 많은 개별법에 근거해서 수행되기 때문에 그 절차가 다소 복잡함.
법인자금과 개인자금의 분리	- 개인사업자는 소득에 대한 적정세금만 납부하면 별도의 소득 분배절차 없이 개인의 자금으로 활용할 수 있으나, 법인의 경우 배당 등의 적정한 절차를 통해서만 법인자금을 개인에게 유출할 수 있음. - 이러한 절차 없이 임의로 법인자금을 유출할 경우 업무무관 가지급금 또는 대표자 상여로 보아 불이익을 받게 됨.
세금의 절감	- 소규모 기업인 경우에는 개인기업의 세부담이 법인기업보다 적으며, 개인기업도 그 나름대로 장점이 있음.

3. 법인전환 유형

◎ 법인전환의 유형

법인전환 방식	포괄양수도 여부	전환방법	양도 소득세 이월과세	취득세 부가세 감면	사업 연속성	가업상속 기간 인정여부
현물출자 방식	포괄 양수도	부동산을 포함한 개인기업(사업장)의 모든 자산, 부채를 신설법인에 현물출자 하는 방법	○	○	○	○
세감면 사업양수도 방식	포괄 양수도	① 신설법인 설립 시 개인기업의 순자산가 액 이상의 자본금을 납입하고, ② 설립일 부터 3개월 이내 부동산을 포함한 개인기 업의 모든 자산, 부채를 포괄 양수도 하는 방법	○	○	○	○
신설법인 설립 (개인/법인 병존)	일반 양수도	① 신설법인 설립 ② 부동산을 제외한 일부 자산만 양수도 ③ 개인기업과 법인기업 병존하여 운영하며 매출거래처를 순차적 이전	X	X	X	X

3. 법인전환 유형

◎ 법인전환 유형별 장단점 비교

구분	장점	단점
현물출자 방식	– 양도소득세 이월과세, 취득세 감면이 가능 – 금융기관 평가등급 유리 – 자금 측면에서 부담이 적음. – 가업승계 측면에서 상속세 절세 가능	– 감정평가수수료 등 절차적인 비용이 많음. – 법인전환 절차가 가장 복잡함.
세감면 사업양수도 방식	– 양도소득세 이월과세, 취득세 감면이 가능 – 금융기관 평가등급 유리 – 가업승계 측면에서 상속세 절세 가능	– 감정평가수수료 등 절차적인 비용이 많음. – 법인설립에 대한 자본금 출자금액이 상당 히 크므로 일시적인 자금부담이 발생 – 법인전환 절차가 복잡함.
일반 사업양수도 방식	– 법인전환 절차가 간단함. – 감정평가수수료 등 절차적인 비용이 적음. – 부동산 이전이 필요치 않는 경우 간편하게 적용 가능한 방식에 해당	– 부동산이전 시 양도소득세 및 취득세 부담 이 큼. – 사업연속성이 단절되어 금융기관 평가에 불리

4. 법인전환 시점의 주요 세제지원

◎ 법인전환 시 세제지원 요건

양도소득세 이월과세 및 취·등록세 면제 요건

- 설립되는 법인의 자본금은 개인사업의 순자산(자산의 합계액-부채의 합계액) 가액 이상일 것
- 순자산가액: 법인전환일 현재 "시가"로 평가한 자산의 합계액에서 충당금을 포함한 부채의 합계액을 공제한 금액임.
- 시가: 불특정다수인 사이에 인정되는 가액, 경매, 공매, 수용 및 감정가액 등 상증세법에서 시가로 인정되는 가액 포함
- 현물출자 방식: 법인의 설립등기 전에 발기인으로서 현물출자를 이행해야 함.
- 세감면 사업양수도 방식: 당해 개인사업주가 발기인이어야 하며, 법인설립일로부터 3개월 이내에 당해 법인에게 사업에 관한 권리와 의무를 포괄 양도해야 함.
- 현물출자 또는 사업양수도를 한 날이 속하는 과세연도의 과세표준신고(예정신고 포함)시 신설되는 법인과 함께 이월과세적용신청서를 납세지 관할 세무서장에게 제출하여야 함.

부가가치세 과세 제외 요건

- 사업에 관한 모든 권리와 의무를 승계하여야 함(포괄승계).
- 단, 사업의 일반적인 거래 이외에서 발생한 미수채권, 미지급채무, 사업무관 토지 및 건물 등은 제외 가능함.

4. 법인전환 시점의 주요 세제지원

◎ 법인전환 시 세제지원 내용

양도소득세 이월과세

- 거주자가 사업용 고정자산을 현물출자 하거나 조특법에서 규정된 사업양수도 방법에 의해 법인으로 전환하는 경우, 사업용 고정자산의 출자 또는 사업양수도 하는 자산에 대해 개인에게 양도소득세를 과세하지 않고
- 대신 양수한 법인이 그 사업용 고정자산 등을 양도할 때 종전 (법인전환 시점의 양도소득세 + 법인전환 이후 양도차익에 대해 법인세)를 법인이 납부함.
- 소비성서비스업은 적용 제외되며, 해당 사업용 고정자산이 주택 또는 주택을 취득할 수 있는 권리인 경우에도 제외

취득세 감면

- 법인전환에 따라 법인이 취득하는 사업용 고정자산(부동산 임대 및 공급업에 대해서는 제외)에 대해서는 취득세의 100분의 75를 감면
- 단, 취득세 감면세액의 20%를 농어촌특별세로 납부
- 법인설립 등기의 등록세는 면제되지 않음.

4. 법인전환 시점의 주요 세제지원

◎ 법인전환 시 세제지원 내용

부가가치세 과세 제외

- 법인으로 전환되는 사업용 자산이 부가가치세법상 사업의 포괄양도에 해당되는 경우에는 재화의 공급으로 보지 않음.

조세감면 승계

- 현물출자 및 세감면 사업양수도 방식으로 법인전환 시 개인기업이 받고 있던 조세지원 혜택이 법인에 승계됨.

국민주택채권 매입 면제(현물출자)

- 법인전환 시 부동산 등기 및 법인 설립등기를 사유로 국민주택채권을 매입하여야 함.
- 다음의 경우에는 매입의무가 면제됨.
  ① 중소기업을 경영하는 자가 ② 당해사업에 1년 이상 사용한 사업용 자산을 현물출자하여 법인을 설립하고 ③ 자본금이 종전사업장의 1년간 평균 순자산액 이상일 경우
- 사업용 부동산 등기에만 면제되며, 법인설립등기는 국민주택채권을 매입해야 함.

4. 법인전환 시점의 주요 세제지원

◎ 사후관리 규정

- 법인 설립등기일부터 5년 이내 법인전환으로 승계받은 사업을 폐지하거나 법인전환으로 취득한 주식 또는 출자지분의 100분의 50 이상을 처분하는 경우 양도소득세 상당액을 거주자로부터 징수 [양도소득세]

- 취득일로부터 5년 이내에 대통령령으로 정하는 정당한 사유없이 해당 사업을 폐업하거나 해당 재산을 처분(임대 포함) 또는 주식을 처분하는 경우에는 경감받은 세액을 추징 [취득세]

4. 법인전환 시점의 주요 세제지원

현물출자 및 세감면 사업양수도 방식의 법인전환 시 다양한 세제지원 혜택을 받을 수 있음.

◎ 법인전환 유형별 세제 비교

구분	현물출자	세감면 사업양수도	일반 사업양수도
1. 개인의 양도소득세	이월과세	이월과세	과세
2. 부동산, 차량 등 이전			
취득세	면제	면제	납부
농어촌특별세	납부	납부	납부
국민주택채권 등 매입	면제	매입	매입
3. 법인설립등기			
등록면허세(교육세 포함)	과세	과세	과세
4. 부가가치세	과세 제외	과세 제외	과세
5. 인지세, 면허세	부담	부담	부담
6. 이월공제세액	적용	적용	미적용
7. 개인기업 감면승계	승계	승계	미승계

II. 법인전환 방식 검토

1. 법인전환 방식 검토

2. 결산시점에서의 유의사항

3. 기타사항

1. 법인전환 방식 검토

개인 명의 부동산을 제외한 나머지 자산부채를 신설법인에게 양도(1안)하거나 부동산을 포함한 개인기업 순자산을 현물출자하여 법인을 설립(2안)하는 방안을 고려 중임.

◎ 일반양수도 방식(1안)

◎ 일반양수도 방식(2안)

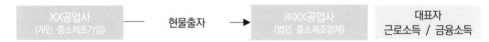

1. 법인전환 방식 검토

일반양수도(부동산 제외) 방식과 현물출자 방식에 의한 법인전환 시 장단점은 아래와 같음.

◎ 방안별 비교

구분	[1안] 일반양수도 방식	[2안] 현물출자 방식
법인전환 내용	부동산 제외한 일반양수도 방식	현물출자를 통한 법인설립
장점	① 시간과 비용부담이 적고, 절차상으로도 간편함. ② 영업권 평가 및 양도를 통하여 거액의 자금을 법인에서 세금을 적게 부담하면서 인출가능하고, 법인에서도 무형자산 상각을 통한 비용처리로 개인 및 법인 모두에게 절세효과가 큰 방법임. ③ 자녀를 주주로 참여시킴으로써 향후 배당을 통한 자금출처 확보가 가능한 방안임. ④ 향후 부동산 관련 소득이 개인으로 직접 귀속되고 자녀에게 증여를 통한 소유권 이전 용이함.	① 개인기업을 포괄적으로 법인에게 승계시키는 방안으로 거액의 자본금이 필요치 아니한 방법임. ② 향후 부동산 자가사용에 따라 가업상속공제 적용 시 유리한 방법임
단점	① 임대용 부동산을 법인에게 소유권 이전하는 경우 취득등록세를 부담해야 함. ② 부가가치세 과세대상 거래에 해당되어 거액의 부가가치세를 우선 부담하고, 추후 매입세액 환급을 받음으로써 일시적 자금부담이 발생	① 법인설립 과정에서 시간과 비용(약 57백만 원)이 많이 소요되고 절차상으로도 복잡한 방법임. ② 개인부동산을 법인에게 이전 시 차손발생으로 이월과세규정에 대한 실질적인 혜택이 없음. ③ 순자산에 해당되는 거액의 자본금(약 21억 원)이 소요되어 지녀를 주주로 심어시키기 어려운 방법임.

따라서 세금을 적게 부담하면서 거액의 자금을 신설법인에서 인출할 수 있는 1안이 타당할 것이며, 자녀들을 주주로 참여시킴으로써 자금원을 확보할 수 있는 측면에서도 유리한 방안임.

1. 법인전환 방식 검토

◎ 법인전환 시 영업권 평가 및 양도 관련 의사결정 요약

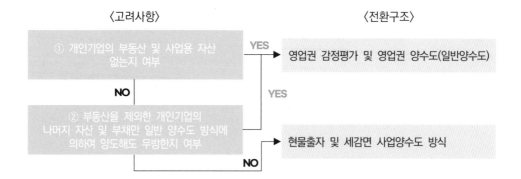

우선 개인 부동산을 소유하고 있지 아니한 경우이거나, 만약 개인 부동산을 소유하고 있더라도 동 부동산을 제외하고 일반 양수도 방식에 의하여 법인전환을 고려할 경우에 한하여 영업권 평가 및 양도에 따른 절세효과가 가능함.

---

1. 법인전환 방식 검토

◎ 법인전환 시 영업권 감정가액의 산정

영업권 평가 방식	영업권 감정평가가액(추정금액)
감정평가에 관한 규칙 제23조(무형자산의 감정평가) 제3항 규정에 의거 감정평가업자는 영업권 등의 무형자산을 감정평가할 때에 "수익환원법"을 적용함.	2024년도 추정 손익을 근거로 추정된 재무제표를 기초로 약 25.8억 원의 영업권 감정가액을 산정하였음.
미래영업용자산으로부터 유입되는 현금흐름을 이용 DCF 적용하여 기업가치를 산정한 후 순자산가치를 차감하여 영업권을 산정함(FCFF)	감정평가법인에서 2019~2023년 재무제표를 기초로 탁상감정에 의하여 약 20억 원 가량의 영업권 감정가액을 산정하였음.
	영업권 감정가액은 미래현금흐름 유입추정액에 따라 달라질 수 있는 것으로 2024년 추정손익을 근거로 산정한 25.8억 원의 감정평가가액을 가정하여 이하 세액효과 등을 산정함.

1. 법인전환 방식 검토

◎ 영업권 양도에 대한 소득구분 및 부가가치세 과세 여부

구분	부동산을 제외한 영업권만 양도: 기타소득	부동산과 함께 양도하는 영업권: 양도소득
부동산과 함께 영업권 양도 여부	① 영업권 가액의 60% 필요경비 의제 규정 적용 (ex. 100원 중 40만 기타소득) ② 대금청산일, 자산인도일 및 사용수익일 중 빠른 날 ③ 재화의 공급에 해당되어 부가가치세 과세대상 자산과 함께 영업권 대가에 대하여 T/I 발급	① 실제 영업권 취득에 소요된 비용만 양도가액에서 차감되어 양도소득 계산됨(ex. 100원 중 100 양도소득에 해당기본공제 생략) ② 사업의 포괄양수도에 해당되어 부가가치세 과세대상 해당되지 아니함(T/I 발급하지 아니함).

◎ 영업권에 대한 법인 및 개인의 처리내용

구분	개인	법인
소득처리	영업권 양도대가 수령, 기타소득으로 구분	영업권 양도대가 지급, 무형자산으로 계상
처리내용	① 영업권 가액의 60% 필요경비 의제 규정 적용 ② 원천징수 후 금액을 수령하고, 추후 타소득과 합산하여 종합소득세 신고납부 ③ 영업권 가액의 10% 부가세 수령 및 세금계산서 발급, 부가가치세 신고납부	① 매년 감가상각(5년 내용연수 적용)에 따른 비용처리 가능 ② 기타소득에 대한 22% 원천징수 및 신고납부 ③ 영업권 가액의 10% 부가세 지급 및 매입세액 공제를 통한 부가세 환급

1. 법인전환 방식 검토

◎ 법인전환 소요 예상 비용[예시 금액]

(단위: 천 원)

구분	항목	부동산을 제외한 일반 사업양수도(1안)	현물출자에 의한 방식(2안)	내용	계산내역
법인설립	등록세	800	8,400	1안은 자본금 2억 원을 가정하여 계산하며, 2안은 순자산 약21억 원에 대한 자본등록세가 소요될 것임.	자본금×0.4%
	지방교육세	160	1,680		등록세×20%
	법무사 수수료	3,000	5,000		추정치
	회계감사수수료		3,000	1안은 영업권평가로 인한 감정평가수수료는 필요함.	추정치
	감정평가 수수료	10,000	3,000		추정치
	세무사 수수료	3,000	5,000	1안과 2안의 업무량을 고려한 추정	추정치
부가가치세	부가가치세	과세	과세제외	1안 개인: 납부, 법인: 환급, 전체: 동일	개인 과세/법인 공제
부동산 명의이전	양도소득세		이월과세	1안은 부동산에 대한 소유권 이전이 발생치 아니하므로 부동산 명의이전 관련 비용이 발생되지 아니함. 2안은 부동산을 포함한 개인기업 사업용 자산을 현물출자하는 것이므로 취득세 75% 감면 및 감면분에 대한 농특세부담은 필요할 것임.	양도차손발생
	지방소득세		이월과세		양도차손발생
	취득세		25,800		감정가액×4%×25%
	지방교육세		감면		감정가액×0.4%
	농특세(과세분)		감면		감정가액×0.2%
	농특세(감면분)		5,160		감면취득세×20%
	국민주택채권할인		면제		10% 할인매각 가정
차량 명의이전	취득세	1,118	279		차량가액의 7%
	농특세(감면분)	–	167		감면취득세×20%
소요비용 합계액		18,078	57,486		

1. 법인전환 방식 검토

당해 영업권이 기타소득으로 구분에 따라 약 7.7억 원 가량 절세효과가 발생하는 것으로 확인됨.

◎ 영업권에 대한 소득별 세부담액 비교

구분	① 기타소득	② 양도소득
영업권 대가	2,580,000,000	2,580,000,000
필요경비	1,548,000,000	0
소득금액	1,032,000,000	2,580,000,000
소득공제	12,000,000	2,500,000
과세표준	1,020,000,000	2,577,500,000
세율	45%	45%
산출세액	393,600,000	1,094,475,000
세액공제	600,000	600,000
소득세액	393,000,000	1,093,875,000
지방소득세	39,300,000	109,387,500
합계액	432,300,000	1,203,262,500
①과의 차액	절세효과	770,962,500

* 양도소득에서 250만 원 공제, 기타소득에서 12백만원 공제 후 과세표준 산정하며, 세액공제 60만 원 가정함.
* 영업권을 취득한 법인의 경우 매년 영업권 상각비가약 516백만 원이 발생됨으로써 약 107백만 원(20.9% 가정) 정도의 세부담 감소효과가 발생하게 됨.

1. 법인전환 방식 검토

개인명의 부동산을 제외한 나머지 자산부채를 신설법인에게 양도(1안)하는 방식을 선택하는 것이 타당할 것임.

◎ 권고안 : 일반양수도 방식(1안)

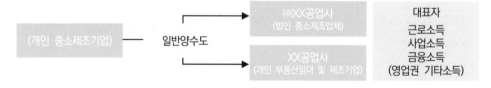

- 신설법인의 자본금은 2억 원으로 ***대표 70%, 장녀 15%(3천만 원), 차남 15%(3천만 원) 지분으로 주주를 구성한다면 성년 자녀들에게 증여세 문제는 발생치 아니함.
- 법인설립 이후 매년 배당을 실시함으로써 장녀 및 차남의 소득원 및 자금출처 등을 마련해 주는데 용이한 법인전환 방식에 해당됨.
- 개인 소유 부동산을 임대하거나 양도할 경우 발생하는 소득이 직접 개인에게 귀속되며, 동 부동산을 자녀들에게 증여, 양도(부담부증여 포함)하는 다양한 방안을 고려할 수 있는 장점을 가짐.
- 결국, 자녀들에게 소득원을 마련해 줌으로써 장기적인 관점에서 사장님 재산을 자녀들에 적은 비용으로 원활하게 이전시켜 줄 수 있을 것임.

2. 결산시점에서의 유의사항

법인전환 전 재무상태표의 세부 내역 및 결산 시 유의사항은 다음과 같으며, 인출액활용을 통한 법인전환시 소요비용에 대한 확보가 필요할 것임

◎ 법인전환 전 2023년 말 재무상태표

(단위: 천원)

계정과목	금액	계정과목	금액
유동자산	1,461,840	유동부채	528,210
당좌자산	1,461,840	매입채무	247,960
현금및현금등가물	2,020	미지급금	118,850
금융상품	715,380	(부가세)예수금	113,510
매출채권	714,780	미지급비용	47,890
미수금	90	비유동부채	686,650
선급비용 등	29,540	장기차입금	686,650
재고자산	0	부채총계	1,214,860
비유동자산	1,853,360		
퇴직연금자산	71,010		
유형자산	1,763,290		
토지 및 건물	1,297,570		
기계장치	415,370		
차량 및 비품등	50,350		
기타 비유동자산	19,060	자본총계	2,100,360
자산총계	3,315,220	부채및자본총계	3,315,220

〈전환시점 결산 시 유의사항〉

- 현금및현금성자산: 순자산가액 감소를 위해 최대한 인출하고, 동 인출액은 출자금과 전환 전 사업연도의 소득세 재원으로 활용 할 수 있을 것임
- 금융상품: 금융기관 확인서로 잔액 확인, 정기예적금미수이자 계상
- 외상매출금: 채권조회서 확인, 대손상각 가능액파악하여 회수 불가능한 것은 최대한 대손 처리
  → 법인전환시점까지 최대한 회수하여 인출금 처리 필요함
- 토지, 건물 및 기계장치: 감정평가액으로 계상(감정가액이 장부가액보다 작은 경우 장부가액 적용), 영업권에 대하여 감정평가 실시함으로써 양수도가액에 포함시킴
- 차량운반구 및 비품 등: 감가상각 후 금액 계상, 부외자산 제거
- 외상매입금 및 미지급금: 부채 계상근거 확인, 채무 조회서 확인, 가공부채 및 부외부채 정리
- 예수금 : 장기 미정리항목 잡이익등 처리
- 금융기관 차입금: 금융기관 확인서로 잔액 확인, 선급 또는 미지급이자 계상

3. 기타 사항

◎ 법인전환 프로세스(3단계)

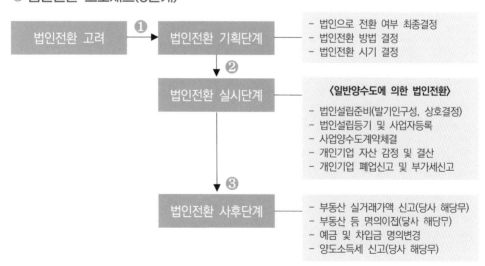

3. 기타 사항

◎ 법인의 지분율 검토

주식회사의 상법상 보유지분율 단위로 의사결정 가능한 주요 사안은 다음과 같음. 주식회사의 법인 활동을 정한 근본규칙으로 "정관"을 들 수 있는데 "정관변경"은 특별결의 사안임.

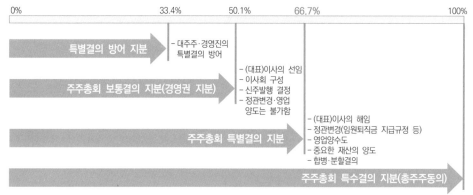

일반적으로 51%의 지분율만 확보한다면 경영 관련한 일반적인 의사결정이 가능하며 경영권을 보유한 것임. 그런데, 합병 등 주요 의사결정 시는 특별결의 요건 지분(2/3) 필요함.

- (대표)이사 책임 면제
- 형식적인 주주총회 생략

3. 기타 사항

〈참고〉 사업양수도 계약서

갑: 서울 용산구 XX동XX번지
XX공업사
대표: XXX(이하 "갑"이라 칭한다.

을: 서울 강남구 XX동XX번지
주식회사XXX (설립중인 회사)
대표: XXX(이하 "을"이라 칭한다)

"갑"이 운영하고 있는 서울 용산구XX동 XX번지 소재 XX공업사(이하 "회사"라 칭함)의 사업에 관하여 양수도대상 자산 및 부채에 대한 권리와 의무를 "을"이 양도양수함에 대하여 다음과 같이 계약을 체결한다.

제1조 (목적) 본 계약은 "갑"이 운영하고 있는 회사의 사업에 관한일부 자산 및 부채에 대한 권리와 의무를 "을"이 양수함으로써 부가가치세법 제6조제6항의 규정에 해당되지 않는 사업양도를 하는데 그 목적이 있다.

제2조 (사업승계) 사업양도양수일 현재 "갑"과 거래중인 모든 거래처는 "을"이 인수하여 계속거래를 보장하며 "갑"이 기왕에 제조 판매한 제품이 사업양수도 이후 반품될 경우에는 "을"이 책임하에 인수처리하도록 한다.

제3조 (양도양수 자산·부채 및 기준일) "을"은 20XX년 12월 31일을 양도양수 기준일로 하여 동일 현재의 "갑"의 양수도대상 자산과 부채를 인수하기로 한다.

제4조 (양도약수가액) 양도약수가액은 제3조의 양수도대상자산총액에서 부채총액을 차감한 잔액으로 하되 다음과 같이 수정 평가한다.

① 토지·건물·기계장치 등 유형자산은 감정가액으로 수정평가한다.

② 위 ①항을 제외한 자산과 부채는 기업회계기준에 따라 수정할 사항이 있는 경우에는 수정 평가하며, 공인회계사의 회계감사를 행할 수 있다.

제5조 (종업원 인계) "을"은 "갑"의 전 종업원을 신규채용에 의하여 전원인수, 계속 근무케 함은 물론 사업양수일 이후 퇴직자가 발생할 경우에는 종전 "갑"의 사업에서 근무하던 근속연수를 통산 인정하여 퇴직금을 지급하기로 한다.

제6조 (계약의 효력) 양도양수대금은 제4조에서 정한 방법에 의하여 계산된 금액을 지급하되 구체적인 지급방법과 지급기일은"갑"과 "을"이 별도의 약정서에 의하여 정하기로 한다.

제7조 (협조의무) "갑"은 "을"이 사업을 양수함에 따른 제반 절차를 수행하는데 적극 협조하여야 한다.

제8조 (기타) 본 계약규정 이외에도 사업양도양수에 관하여 협정할 사항이 발생한 경우에는 "갑","을" 쌍방간 협의에 의하여 정하기로 한다.

이상의 계약내용을 "갑","을" 쌍방은 성실히 이행할 것을 약속하며 후일 이를 증명하기 위하여 본 계약서 2통을 작성 각 1통씩 보관하기로 한다.

20XX년 XX월 XX일

갑: 서울 용산구 XX동XX번지
XX공업사
대표: XXX

을: 경기 서울 강남구 XX동XX번지
주식회사XXX (설립중인 회사)
대표: XXX

임원퇴직금 지급규정

제1조(목적)

본 규정은 주식회사 ** 임원의 퇴직금 지급에 관한 사항을 정함을 목적으로 한다.

제2조(적용대상)

① 이 규정의 적용대상이 되는 임원이라 함은 주주총회에서 선임된 등기임원으로 회사 경영에 실질적으로 참여하는 대표이사, 전무이사, 상무이사 및 감사에 대하여 적용한다.

② 제1항에 의한 임원이라도 퇴직금이 없는 조건의 별도 연봉계약을 한 임원의 경우에는 이 규정의 적용 대상이 아니다.

제3조(지급사유)

본 규정의 퇴직금은 근속기간 만 1년 이상의 임원이 퇴직할 경우에 지급한다. 이때 퇴직의 정의는 법인세법상 "현실적인 퇴직"의 개념으로 하되, 다음 각 호에 해당하는 사유가 발생했을 때 지급한다.

① 임기만료 퇴임

② 사임

③ 재임 중 사망

④ 기타 이에 준하는 사유로 면직할 경우

제4조(퇴직금 산정)

① 임원퇴직금지급액 산정은 [퇴직금 산출기준액×근속연수×지급률]로 한다.

② 퇴직금 산출기준액 = 퇴직 직전 3년간(근무기간 3년 미만인 경우 개월 수로 계산한 해당근무기간을 말하며, 1개월 미만은 1개월로 봄) 평균연봉×1/10

③ 지급률은 다음과 같다.

직급	근속기간	
	근속기간 3년 미만	근속기간 3년 이상
대표이사	1.8	2
부사장, 전무이사, 상무이사 및 감사	1	1.5

제5조(근속연수의 계산)

제4조를 적용함에 있어 1년 이내 휴직기간은 근무기간에 포함한다.

제6조(퇴직금의 지급방법)

퇴직금은 현금으로 지급함을 원칙으로 한되, 퇴직한 자의 요청 또는 동의가 있는 경우 현금 외 회사의 자산(재고자산, 금융자산, 유가증권, 고정자산 등)으로 지급할 수 있다. 이때 퇴직금으로 지급되는 현금 외의 자산의 평가는 상속세및증여세법 보충적 평가방법에 의한다.

제7조(사망자의 퇴직금 지급 및 유족보상금)

임원의 사망으로 인하여 퇴직한 자의 퇴직금은 유족에게 지급하며, 퇴직금 외에 유족보상금에 대한 금액을 지급할 수 있다. 이때 유족보상금은 별도의 임원유족보상금 지급규정에 의한다.

제8조(규정의 개폐)

본 규정은 주주총회 특별결의에 의하여서만 개폐가 가능하다.

– 부칙 –

제1조(시행일) 본 규정은 20**년 **월 **일부터 시행한다.

제2조(경과규정) 본 규정 시행 이전에 선임된 임원도 본 규정의 적용을 받으며, 본 규정 시행 이전의 근속기간에 대해서도 소급 적용한다.

임원 유족보상금 지급 규정

제1조(목적)

　본 규정은 주식회사 **의 임원 유족보상금 지급에 관한 사항을 정함을 목적으로 한다.

제2조(적용대상)

　① 이 규정의 적용대상이 되는 임원이라 함은 주주총회에서 선임된 등기임원으로 회사 경영에 실질적으로 참여하는 대표이사, 전무이사, 상무이사 및 감사에 대해 적용한다.

　② 제1항에 의한 임원이라도 퇴직금이 없는 조건의 별도 연봉계약을 한 임원의 경우에는 이 규정의 적용대상이 아니다.

제3조(지급사유 및 시기)

　본 규정은 임원의 사망 시 유족에게 지급하며, 지급사유발생 후 3개월 이내에 지급해야 한다.

제4조(유족보상금 산정 및 지급기준)

　① 재임 중 사망으로 인하여 퇴직한 임원에게 퇴직금 외에 유족보상금에 대한 금액을 지급해야 한다.

　② 유족보상금 산출 기준이 되는 평균임금은 산정 사유가 발생한 날 직전 3개월간 지급된 임금 총액을 그 기간의 총일수로 나눈 금액을 말한다.

　③ 유족보상금 지급기준은 다음과 같다.

직급	지급사유	유족보상금
대표이사	업무상 재해 또는 질병으로 인한 사망	평균임금 1,800일분
	업무 외의 재해 또는 질병으로 인한 사망	위의 50% 분
부사장, 전무이사, 상무이사 및 감사	업무상 재해 또는 질병으로 인한 사망	평균임금 1,500일분
	업무 외의 재해 또는 질병으로 인한 사망	위의 50% 분

제5조(유족보상금 지급방법)

　유족보상금은 현금으로 지급함을 원칙으로 하되, 유족의 요청 또는 동의가 있는 경우 현금 외 회사의 자산(재고자산, 금융자산, 유가증권, 고정자산 등)으로 지급할 수 있다. 이때 유족보상금으로 지급되는 현금 외의 자산의 평가는 상속세및증여세법 보충적 평가방법에 의한다.

제6조(장의비)

　유족보상금 지급 사유 발생 시 이사회 결의로 평균임금의 120일분을 장의비로 지급할 수 있다.

제7조(규정의 개폐)

 본 규정은 주주총회 특별결의에 의하여서만 개폐가 가능하다.

- 부칙 -

제1조(시행일) 본 규정은 20**년 **월 **일부터 시행한다.

제2조(경과규정) 본 규정 시행 이전에 선임된 임원도 본 규정의 적용을 받는다.

임원 보수 지급규정

제1조(목적)

　본 규정은 주식회사 **의 임원 보수 지급에 관한 사항을 정함을 목적으로 한다.

제2조(적용대상)

　① 이 규정의 적용대상이 되는 임원이라 함은 주주총회에서 선임된 등기임원으로 회사 경영에 실질적으로 참여하는 대표이사, 전무이사, 상무이사 및 감사에 대해 적용한다.

　② 제1항에 의한 임원이라도 퇴직금이 없는 조건의 별도 연봉계약을 한 임원의 경우에는 이 규정의 적용대상이 아니다.

제3조(지급대상임원)

　본 규정에 의한 보수액이 확정되는 시점에 근무하는 임원에 한하여 지급한다.

제4조(보수의 대상기간 및 구성)

　① 당사 임원의 보수는 매년 1월 1일부터 12월 31일까지를 그 대상기간으로 하며, 정기급여와 상여금으로 구분된다.

　② 임원퇴직금은 별도의 임원퇴직금 지급규정에 의한다.

제5조(보수한도)

　임원의 직위별 총보수 지급한도는 아래와 같다.

구분	보수한도
대표이사	15억 원
부사장	10억 원
전무이사	7억 원
상무이사 및 감사	5억 원

- 부칙 -

제1조(시행일) 본 규정은 20**년 **월 **일부터 시행한다.

제2조(경과규정) 본 규정 시행 이전에 선임된 임원도 본 규정의 적용을 받는다.

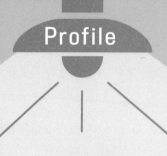

박진호

세무사

경력사항

- 2002년 세무사시험 합격
- 경희대학교 국제법무대학원 석사 졸업
- 한국외국어대학교 글로벌CEO과정 수료
- (전)국가공인 전산세무회계자격시험 출제위원
- (전)서울지방세무사회 감리위원
- (전)강남대학교 세무학과 강의
- (전)다함세무법인, IBK기업은행 근무
- (현)삼성화재해상보험(주) 근무

강의실적

- 현대캐피탈(주), ㈜천재교육, 아시아경제TV 절세콘서트, 상공회의소,
  IBK기업은행 등 다수 강의

업무실적

- 한화, CJ, 신세계, 농심 등 그룹계열사 법인세 신고 및 예비조사컨설팅
- 대림산업(주), 서울신문사(주), ㈜조선호텔 등 세무자문 및 세무컨설팅
- 고액 자산가 등에 대한 상속증여세 신고 및 세무조사대리업무
- 이의신청, 심판청구 등 조세불복 업무 다수 수행

저서 new 부가가치세 이론과 실무(어울림, 2012 공저)